U0936192

珍藏本·增订本

纪念版

汉译世界学术名著丛书

法哲学导引

〔德〕拉德布鲁赫　著

雷磊　译

SINCE 1897 商务印书馆 The Commercial Press

Gustav Radbruch

VORSCHULE DER RECHTSPHILOSOPHIE

本书选自 C.F.穆勒出版社 1990 年版《拉德布鲁赫全集》第 3 卷

汉译世界学术名著丛书
（120 年纪念版・珍藏本）
增订本出版说明

2017 年 10 月，为纪念商务印书馆创立 120 周年，本馆推出“汉译世界学术名著丛书”（120 年纪念版・珍藏本），计七百种。近五六年来，仰赖学界同人倾力支持，订正旧译，增补新译，拓展新著，积累日多。为满足读者需要，本馆在七百种的基础上，继续推出“汉译世界学术名著丛书”（120 年纪念版・珍藏本・增订本）三百种。至此，“汉译世界学术名著丛书”累计出版已达千种。

今后，本馆将继续推进丛书的翻译出版工作，在积累单本名著的基础上陆续分辑刊行，汇印出版。为促进中外文明互鉴、推动我国学术发展，使“汉译世界学术名著丛书”这项对我国学术文化有基本建设意义的重大工程发挥更大作用，诚望海内外学术界、翻译界继续给予支持，帮助我们把这套丛书出得更好。

商务印书馆编辑部

2024 年 2 月

汉译世界学术名著丛书
（120 年纪念版·珍藏本）
出 版 说 明

2017 年 2 月 11 日，商务印书馆迎来 120 岁的生日。120 年前，商务印书馆前贤怀揣文化救国的理想，抱持“昌明教育，开启民智”的使命，立足本土，放眼寰宇，以出版为津梁，沟通中西，为中国、为世界提供最富智慧的思想文化成果。无论世事白云苍狗，潮流左右激荡，甚至战火硝烟弥漫，始终践行学术报国之志，无改初心。

逐译世界各国学术名著，即其一端。早在 20 世纪初年便出版《原富》《天演论》等影响至今的代表性著作，1950 年代后更致力于外国哲学和社会科学经典的译介，及至 1980 年代，辑为“汉译世界学术名著丛书”，汇涓为流，蔚为大观。丛书自 1981 年开始出版，历时三十余年，迄今已推出七百种，是我国现代出版史上规模最大、最为重要的学术翻译工程。

丛书所选之书，立场观点不囿于一派，学科领域不限于一门，皆为文明开启以来，各时代、各国家、各民族的思想与文化精粹，代表着人类已经到达过的精神境界。丛书系统译介世界学术经典，引领时代思想，为本土原创学术的发展提供丰富的文化滋养，为推动中国现代学术和现代化进程做出了突出的贡献。

为纪念商务印书馆成立120周年，我们整体推出“汉译世界学术名著丛书”120年纪念版的珍藏本，寄望既利于文化积累，又便于研读查考，同时向长期支持丛书出版的译者、编者和读者致以敬意。

两甲子后的今天，商务印书馆又站在了一个新的历史时间节点上。我们不仅要铭记先辈的身影和足迹，更须让我们的步伐充满新的时代精神。这是商务人代代相传的事业，更是与国家和民族的命运始终紧密相连的事业。我们责无旁贷，必须做好我们这代人的传承与创造，让我们的努力和成果不仅凝聚成民族文化的记忆，还能成为后来人可以接续的事业。唯此，才能不负前贤，无愧来者。

商务印书馆编辑部

2017年10月

译 者 序

对德国法学史有所了解的人，对于古斯塔夫·拉德布鲁赫（Gustav Radbruch，1878—1949）的名字当不陌生。对于专门研习法哲学的人，拉德布鲁赫更属家喻户晓式的人物。作为20世纪最伟大、影响最深远的法哲学家和刑法学家之一，拉德布鲁赫的法理念学说、相对主义思想、二元方法论、包容性法律非实证主义的立场等，迄今依然是国际法学界关注的热点。以其命名的"拉德布鲁赫公式"（die Radbruchsche Formel）更是成为解决转型社会疑难案件的方案之一，同时在学界和实务界引发了极大关注，也激发出大量的争议和讨论。在今天许多德国大学法学院的法哲学课堂上，拉德布鲁赫的学说依然是讲授的重点。

拉德布鲁赫在法哲学方面的专著主要有三部，分别代表了其早期、中期和晚期的思想。第一部是1914年的《法哲学纲要》（Grundzüge der Rechtsphilosophie）。该书在1937年即被徐苏中译成中文，于上海法学编译社出版（书名译为《法律哲学概论》）。2007年，经华东政法大学陈灵海教授勘校后，放入中国政法大学出版社"近代中国法学译丛"再版。第二部是1932年的《法哲学》（Rechtsphilosophie），这也是拉德布鲁赫的代表作。这部书实际上是《法哲学纲要》的第3版，但与第1版相比进行了大幅度删改，并大大扩容，因而基本可以被视为一本新书。它将《法哲学纲要》的六章扩充为二十九章，除了在一般法哲学部分（总论）中增加了法的历史哲学、宗教哲学、心理学、美学、法律科学的逻辑，还增加了十四章部门法哲学（各论）的内容，涉及人、所有权、契约、婚姻、继承、刑法、死刑、赦免、程序、法治国、教会法、国际法、战争等主题（在德国法哲学史上，这也是最后一本全面涉及"各论"的法哲学专著）。该书由法兰克福大学法学院王朴博士译成中文，收录于法律出版社"德国法学教科书译丛"，并于2005年出版。

第三部就是呈现在读者诸君面前的这部《法哲学导引》(Vorschule der Rechtsphilosphie)。本书出版于1948年，是拉德布鲁赫在战后的唯一一本专著，也是其生前最后一本法哲学论著。由于拉德布鲁赫社会民主主义的政治倾向和在魏玛共和国时期两次出任司法部长的经历，他在1933年即被纳粹当局解除公职，直到1945年才被恢复在海德堡大学法学院的教职。这期间他只是在牛津大学曾访学一年，并经历了丧女和丧子之痛，并无系统性的法哲学专著问世。但正是在这十二年间，他经历了"大马士革心路"的转变。如果说《法哲学》依然浸透着浓厚的实证主义与相对主义色彩的话，那么到了《法哲学导引》中，以正义和人权为核心的自然法倾向则占据了上风，以至于在本书的最后，拉德布鲁赫旗帜鲜明地主张可以将"自然法"作为它的副标题。尽管他的法哲学是否发生了根本转向至今依然是一个争论不休的"学术公案"，但其法理念学说中重心的转移却是毋庸置疑的。不能不说，这种重心转移与对纳粹不法统治的反思休戚相关。事实上，拉德布鲁赫在战后初期发表的几篇小论文，如"五分钟法哲学""制定法的不法与超制定法的法”就已经表露出从学术上克服纳粹不法的努力(南非纳塔尔大学的巴伦德·范·尼凯尔克[Barren Van Niekerk]教授和荷兰莱顿大学的米娅·斯沃特[Mia Swart]教授称之为“来自海德堡的警告声”)。这种努力理所当然地在《法哲学导引》一书中得到了延续和更为系统的展现。这也是本书与《法哲学》最大的一个不同:它是拉德布鲁赫晚年法哲学思想的最后集中展现,也是任何想要深入了解和研究他的人不能忽略的基本文献。本书另一个不同于《法哲学》之处在于,它的篇幅较为短小。实际上,它的底稿是拉德布鲁赫于 1946 年在海德堡开设的“法哲学课程”的讲义,由当时班上两位学生所记录之笔记订正而成。它在许多地方保留了讲义的纲要式风格,省却了长篇累牍的论证。但正因如此,相比于《法哲学》,它更适合用作初学者窥探法哲学之门的引导,这恐怕恰是书名“入门”的含义。

考虑到书中一些未能尽展之处,感兴趣者或许有扩展阅读的需要,因此中译本除了《法哲学导引》的正文外,尚设置了一个“附录”,纳入了拉德布鲁赫于 1934 年至 1948 年间发表的六篇论文。这六篇论文都是对书中相关重要主题的深入。至于前面提及的“五分钟法哲学”和“制定法的不法与超制定法的法”这两篇名文,尽管与“入门”发表于同一时期,但由于先前已有中文译本,故在此未再纳入,感兴趣者可自行查阅(载于〔德〕古斯塔夫·拉德布鲁赫:《法律智慧警句集》,舒国滢译,中国法制出版社 2001 年版、2016 年再版;雷磊编译:《拉德布鲁赫公式》,中国政法大学出版社 2015 年版)。

本书虽然篇幅短小,但拉德布鲁赫学识丰富、旁征博引,涉及多处拉丁语、法语和意大利语的引文。因而,译本的完成无法离开一众师友的襄助:郑戈教授和杨天江副教授帮助完成了个别拉丁语引文的翻译,朱明哲讲师给出了多处法语引文的对译,一处意大利语引文则得到了同事罗智敏教授的协助。此外,对外经济贸易大学法学院傅广宇教授、德国基尔大学冯威博士、法兰克福大学赵静博士为书中若干疑难之处提供了自己的理解和对照。对此一并表示至诚谢意!另外,考虑到面对的受众主要为初学者,中译本对于书中提及的一众人名增添了脚注来加以说明。对于一些实在无法查到信息的学者,则只能作罢。当然,由于学识和能力所限,错误和纰漏恐难避免,文责一概由本人担之,并望学界同仁不吝指正。

最后,正如拉德布鲁赫本人在《法哲学》一书的序言中所说的,与其让学习者知道法哲学是什么,不如让他们知道法哲学是怎么样的,要让他们少囿于结果,而多引导他们进行法哲学的思考。法哲学无法被“教导”(lehren),而只能被“思考”(denken)。从这个意义上说,如果《法哲学导引》能引起读者诸君对法哲学根本问题之“共思”(Mitdenken)和“反思”(Nachdenken),或许就将体现其最大的价值。

雷磊

2017年1月20日于京郊寓所

目　　录

序　　言 123

我开设的法哲学课上的两位学生请我授权他们复制这门课程的笔记，我允许他们进行排印。

我对文本做了一定的订正，但却保留了讲课笔记的风格。例如，本书中每个章节的长度不同，思考线索略显松散，有些地方存在重复和离题，有些随机地选择了所引用的文献，有意针对我在别处对相关主题的阐述做了提示，对于这些我都没有太过在意。

除了要完成“导论”的任务外，这本小书同样想要点明，我是如何赓续我的《法哲学》(1932 年第 3 版)一书的。人们在本书中可能会发现的表面上的矛盾之处，将在前一本书中找到解决的办法，它们对于本书的读者来说就像是一种思维训练。仿照让·保罗[①]《美学导引》(Vorschule der Ästhetik)的先例(就像埃姆格教授[②]的一本类似的书所做的那样)，我选择了《法哲学导引》作为书名。

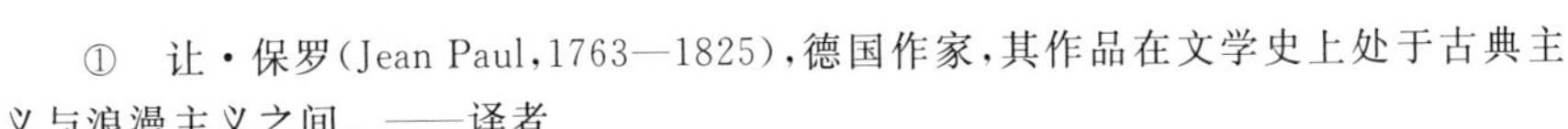

① 让·保罗(Jean Paul，1763—1825)，德国作家，其作品在文学史上处于古典主义与浪漫主义之间。——译者

② 卡尔·奥古斯特·埃姆格(Carl August Emge，1886—1970)，德国法哲学家与法社会学家，著有《法哲学相对主义的基本教义》《法哲学入门》《法哲学史》《法哲学导论》《法律科学的哲学》等。——译者

在“法律科学的时代”一节，我直接收录了已故友人赫尔曼·康特洛维茨[①]的同名论文。所以就像我献给他的《法哲学》一书一样，本书同样是对我们友谊的纪念，也是对他长久以来所给予我丰富而重要的学术激励之谢意的表达。

古斯塔夫·拉德布鲁赫

海德堡，1947年8月

① 赫尔曼·康特洛维茨（Hermann Kantorowicz，1877—1940），德国刑法学家、法哲学家，自由法运动的代表之一。一生著述甚丰，涉及法律理论、中世纪法史学和刑法教义学等各个方面，著有《为法学而斗争》《法的定义》《法学与社会学：科学理论选集》与《法律史论文集》等。——译者

第 2 版序言 124

古斯塔夫·拉德布鲁赫于 1949 年 11 月 23 日逝世。他刚刚过完 71 岁的生日，直到生命的最后一天依然在工作。但他想要重新编辑出版《法哲学》（最后一版是 1932 年面世的第 3 版）一书的意图终因去世而受挫。故而从 1932 年直到 1949 年间，《法哲学导引》[1]是古斯塔夫·拉德布鲁赫集中展示其法哲学思想的唯一一本出版物。因而《导引》一书也就具有了原本所未曾想到的意义。从这本书出发可以往前追溯拉德布鲁赫此前的著作，也可以往后展望他此后的著作，因为它已成为其法哲学发展历程中不同阶段之理解的桥梁。

这本书将引领今天的读者（一如 1946 年时这门课的听众那样）首先去关注有意义的法哲学问题，而不那么致力于为这些问题提供确凿无疑的答案。它想要引发读者的格物究理之心，也会提示他们去参考《法哲学》一书（在作者去世后由埃里克·沃尔夫[2]

---

① 以下简称《导引》。——译者

② 埃里克·沃尔夫（Erik Wolf，1902—1977），德国法哲学家、刑法和教会法学者，拉德布鲁赫的弟子。著有《希腊法律思想》（四卷本）、《德国精神史上的伟大法律思想家》《自然法学说的问题》《纳粹国家中的正确法》《教会秩序》《法哲学研究》《法律神学研究》等。——译者

编辑出版了第 4 版，并于 1956 年编辑出版了第 5 版），并与该书一起为读者提供用以继续思考的手段。同时它也想要表明，古斯塔夫·拉德布鲁赫是如何赓续其法哲学思想的。

他已经预见到，本书的观点可能会与他 1932 年所发表的法哲学基本思想存在矛盾。他建议读者进行“思维训练”，首先自己去寻找解决这一表面上的矛盾的办法。

事实上，这种“思维训练”持续至今，它也不会马上终止。因为这种“反思”和“共思”（Nach-und Mitdenken）的核心问题不仅涉及拉德布鲁赫本身的哲学思想，也同样涉及每一种法哲学思考都将面临的基本问题：是否能以科学-批判式的思维去证立实质性的法律原则（它们作为“超制定法的法”[übergesetzliches Recht]而优先于制定法），而这种“自然法”又以何种方式对于实在法具有拘束力。

拉德布鲁赫在《导引》一书中对这一问题的回答必然会招致一个相对立的问题：他是否因此就背离了其思维的两个主要原则，即康德式的二元主义方法论以及从中发展出的（认知）理论上的价值相对主义。但他直到最后依然保持了这两种立场。

尽管作为其法哲学思想预设出发点的二元论（价值与现实、应然与实然）并没有在《导引》中被重新引入，但从 1924 年开始就已经在他那里显现出迹象的“事物的本质”（Natur der Sache）这一要素并没有被放弃。对于拉德布鲁赫而言，这一要素并非如同某种法本体论体系中的第一块基石，而是支撑拱顶的柱石，它承受着来自相对立之价值理念和现实的张力与推力。它是这样一个事实的概念表达：每个应然规范，如果想要施加义务，都必须要根据它所想要规整的实然来做出规整，也就是说，人类的本质与事物的本质一样都必须充分反映实然，就像另一方面实然无法根据自身，而只 125
能根据一种现实应然（Seinsollen）被评价和规整一样。故而这一新要素想要说的只是，应然与实然并非决然有别，而是虽然相互对立，但却彼此面对面费力地处于一种辩证的紧张关系之中。

拉德布鲁赫也从未曾感到有必要放弃他的相对主义思想，至少它无法用传统的科学思维方法来加以反驳。这种相对主义可以从这一事实中推导出来：价值判断或应然判断虽必不可少但却在科学上无法被证明，因为它们的根子并不在知识之中，而是在（无论何种类型的）信仰之中。故而他对每种价值判断的前判断，从而同时对"固守自身立场的断然性以及反对异己立场的正义"都予以了方法论上的批评。在拉德布鲁赫看来，将其运用于法哲学时，恰恰会"从相对主义本身产生出绝对的结论，即传统的古典自然法的要求"，就像他于 1934 年在里昂所做的一场报告中所阐述的那样，"它们是不可摧毁的地基，人们可以远离它们，但却必须总是返归它们"。①

许多读者曾请求《法哲学》的编者将《导引》作为附录收入（见第 5 版前言，第 16 页），以便能对此富有成果的问题做出自己的判断：围绕拉德布鲁赫法哲学思想的连续性问题存在如此丰富的对话。但出于对学生这一读者群体的经济承受力的考虑，这一请求没有得到回应。所以现在将《导引》作为拉德布鲁赫全集的一部分重新出版将愈发受到欢迎，尤其是考虑到它已被译成日语、韩语和

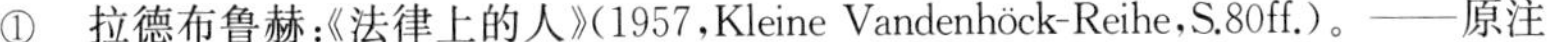

① 拉德布鲁赫：《法律上的人》（1957，Kleine Vandenhöck-Reihe，S.80ff.）。——原注

意大利语了。

这本著作也许希望这些法律人能成为读者：那些在熟悉制定法的过程中去追求“法”（正义）的新入行者，以及那些必须适用制定法或谈论“法”（正义）的行家里手。但它同样也希望每一个关注我们共同生活之法秩序的基本问题的人，以及努力想要更深入了解其疑问的人都能成为本书的读者。

约阿希姆·施托尔岑堡[①]

斯图加特，1959年7月

① 约阿希姆·施托尔岑堡（Joachim Stoltzenburg）是记录拉德布鲁赫法哲学课程课堂笔记的两位学生之一，另一位是哈拉尔德·舒伯特（Harald Schubert）。《法哲学导引》一书的原稿就是这两位学生的课堂笔记。——译者

第3版序言 126

读者面前的第3版是由萨尔布吕肯大学的阿图尔·考夫曼教授[①]及其学术助手莱昂哈德·巴克曼(Leonhard Backmann)对印刷错误和实质性的小瑕疵做了审阅和订正,对此我必须对两位先生致以衷心的感谢!除此之外,文本未做任何改动。《导引》是对古斯塔夫·拉德布鲁赫法哲学总结陈词式的展示,因而通过新的加工去匹配现今的研究状况就显得不那么适宜。但为了能让读者与今日之法哲学相衔接,在附录(见本书末尾)中补充上了文献参考;当然,从晚近法哲学汗牛充栋的文献中,只能选出相对较少的一部分(只限于德语出版物)。[②]

莉迪娅·拉德布鲁赫[③]

海德堡,1965年6月

---

① 阿图尔·考夫曼(Dr. Arthur Kaufmann,1923—2001),德国法哲学家、刑法学者,拉德布鲁赫晚年从教于海德堡时的弟子。著有《法哲学》《当代法哲学与法律理论导论》(主编、参著)、《类推与事物本质》《法律获取的程序》等。考夫曼教授当时尚在萨尔布吕肯大学任职,后来转任慕尼黑大学法学院教授直至退休。——译者

② 本翻译所依循的《拉德布鲁赫全集》(第3卷)并没有收录这份文献参考,故而本译著亦不收录。——译者

③ 古斯塔夫·拉德布鲁赫的遗孀。——译者

129

第一章　法的科学

§1　狭义上的法律科学

Ⅰ. 狭义上的法律科学又称“教义法学”(dogmatische Rechtswissenschaft)或“体系法学”(systematische Rechtswissenschaft),是关于实在法之客观意义的科学。

8

在“实在法”这一点上,它有别于法哲学与法政策学,后者处理的是法的价值以及服务于实现这一价值的手段。在“客观意义”这一点上,它有别于法律史、比较法、法社会学和法律心理学,后者的对象是法的实存以及法律生活的事实。“客观意义”这一点参见下文Ⅱ.1。

Ⅱ. 对于实在法的法律科学式加工在三个层面上展开:解释、建构、体系论。

1. 法律解释取向于实在法的客观意义,也即法条本身所体现出来的意义,而非取向于主观意义,也即参与了法条形成过程之人的想法。由此法律解释有别于语义学解释。语义学解释是对先前已被思考之事的再思考（用奥古斯特·伯克[1]的话来说，叫“对已被认知者的认知”），相反，法律解释最终是对已被思考之事的思考。因为法学是一门实践科学，它必须即刻为每个法律问题提供答案，且不能借口制定法存在漏洞、矛盾或晦涩不明之处而拒绝做出决定。因而它对于制定法的理解必然要比参与它形成过程之人的理解来得更好，从制定法中取出的东西要比这些人有意放入的东西来得更多。

2. 法学**建构**与数学建构、技术建构、语法建构以及历史建构属于同一类型：从其先前思维上孤立的部分中重构出整个法律制度，先分析后综合。它是对特定法律制度之法条的无矛盾性与充分性的检验。故而，例如刑法典之构成要件就可以根据法益（颁布一部特定的刑法典就是为了保护它）来重构；例如“背信”（Untreue，《德国刑法典》第 266 条）就被重构为对法定支配权的滥
用或者对信赖关系的侵害。大多数时候，法学建构是在特定法目 130
的的视角下进行的（目的论建构）。但也有非目的论建构，例如将程序建构为一种分层递进的法律关系。

3. 最后，如果说建构服务于具体法律制度的话，那么法律**体系论**就服务于法秩序的更大部分或者整体：根据某个单一的理念阐释整个法秩序的所有具体法条或者它的一部分。

Ⅲ. 相应也有两种类型的法律概念：

1. **法律上相关的概念**（die rechtlich relevanten Begriffe），即

---

① 奥古斯特·伯克（August Böckh，1785—1867），德国古典语言学家和古代文化研究者。——译者

据以构造制定法构成要件的概念，如盗窃罪情形中的“拿走”（Wegnehmen）、“他人的可移动物”（fremde，bewegliche Sache）、“非法占有的目的”（Zueignungsabsicht）（《德国刑法典》第 242 条）。这些概念并非为法律科学所新创，而是继受自其他知识领域或生活，但并非一概照搬，而是根据法律的立场予以更清晰、更严格或更宽泛的理解，或者进行改造——例如我们可以想一想生活中“占有”（Besitz）的概念和法律中“占有”的概念（《德国民法典》第 854 条以下）之间的区别。

2. **固有的、真正的法律概念**（die eigentlichen，echten Rechtsbegriffe），即借以将法条的内容作为概念形成之对象的概念：属于这类概念的有具体的主观法（权利）、法律义务、法律关系、法律制度等概念。这些概念要么取自实在法（例如“购买”或“质权”的概念），要么在逻辑上先于对实在法的任何科学认知，它们是人们对实在法进行科学理解时必须运用的工具，因而不属于任何具体的实在法本身，而适用于任何可想象得到的法。但它们在内容上是不确定的，也非自然法规范，而是纯粹的形式概念。它们不是对法律实践问题普遍有效的回答，而是人们针对任何法都有权提出的问题，假如要将它认知为法的话。这类“先验的”法律概念、这类法的认知范畴，例如有主观法（权利）与法律义务、合法与违法、公法与私法这些一般性的概念。这些先验的（终归也是最一般性的）法律概念构成了“**一般法学说**”（Allgemeine Rechtslehre）的对象（尤其参见 Adolf Merkel，Juristische Enzyklopädie，1885 年第 1 版）。在实证主义的时代，一般法学说被视为法哲学的替代品，被视为“实在法的哲

10

131 学”（关于这两类法律概念参见 Radbruch，Handlungsbegriff，1903，

S.29ff.)。

参考文献：Radbruch, Arten der Interpretation, im Recueil d'études sur les sources du droit en l'honneur de Fr. Gény, Tome 2; Klassen-und Ordnungsbegriffe, Ztschr. f. Theorie des Rechts, Jahrg.12, 1938.

§2　法律史学与比较法学

Ⅰ. 法律史学的对象是法的存在、形成与效果。它可以限于法的内在发展，但它也可以研究法与其他文化现象的相互影响，或从某个时代的文化整体出发去研究这个时代法的精神史意义。

Ⅱ. 如果说法律史学以法律状况的时序演变为研究对象的话，那么比较法学展示的就是同时代不同民族法秩序的状况。对于文化民族间的法的比较通常带有法政策的意图（参见一部十五卷本的里程碑之作《德国刑法与外国刑法之比较：为德国刑法改革作预备》）。相反，如果比较法学作为"法人类学"去研究初民的法，那么它就同时遵循这样的目的，即从这些原始法律状况中建构出文化民族法律发展的前史；如此一来，比较法学就会导向普遍法律史学（Montesquieu, "Esprit des lois", 1748; Feuerbach 1775—1883; Henrz Sumner Maine 1822—1888; Joseph Kohler 1849—1919; 参见 Radbruch, Schweitz. Ztschr. f. Strafr., Bd.54, 1940, S.22ff.）。

Ⅲ. 普遍法律史学意在确定普遍历史进程中的特定类型，从而突出以下演变：

1. 从原始社会主义到私有财产制。

2. 从母权制到家长制家庭，从族内婚到族外婚（抢婚和买卖婚），从多配偶制到一夫一妻制（J. J. Bachofen, Fr. Engels, A. Bebel）。

3. 从身份到契约（Henry Sumner Maine），即从以身份为基础的契约到自由契约，后者指的是以法律伙伴自身意志为基础的法秩序。

4. 从"共同体"到"社会"（Ferdinand Tönnies），即从整体式、有机式的共同生活到原子式、个体主义式的共同生活。

132 5. 从血亲复仇到公开施刑的刑法发展（Theodor Mommsen und andere, "Zum ältesten Strafrecht der Kulturvölker", 1905；也可参见 Radbruch, "Elegantiae juris criminalis", 1938, S.1ff.）。

普遍法律史学也可以被理解为法哲学（参见科勒[1]的"新黑格尔主义"）。

§3　法社会学

Ⅰ. 与法律史学和比较法学（它们处理的是个别法秩序和法律状况以及单独的法律成长史）不同，法社会学研究的是社会世界

[1] 约瑟夫·科勒（Josef Kohler, 1849—1919），德国法学家，新黑格尔主义法学的代表，《法哲学与经济哲学论丛》（后更名为《法哲学与社会哲学论丛》）以及"国际法哲学与经济哲学协会"（从 1933 年开始改名为"国际法哲学与社会哲学协会"[IVR]）的主要创立者。一生著述甚丰，超过 2500 种，其中法哲学方面著有《法学导论》《法哲学教科书》《当今文化中的法与人格》《法学论坛前的莎士比亚》等。——译者

中法和法律生活的普遍法则或典型成长史（上一节中指明的普遍成长史也可以归入法社会学）。

Ⅱ. 最著名的社会法理论是卡尔·马克思和弗里德里希·恩格斯创立的**唯物史观**。在卡尔·马克思看来，社会的经济结构构成了“真实的基础，法律和政治的上层建筑就建立在这一基础之上，并且它与特定社会的意识形式是相对应的。物质生活的生产方式构成了法政策和精神生活过程的一般条件”。随着经济基础的改变，“整个庞大的上层建筑或快或慢也会发生彻底的改变”。（人们将以此方式受到社会条件限制的观念称为意识形态。）唯物主义历史理论与黑格尔[1]的观点是相对的，后者将一切发展都回溯到精神的发展上去。在他看来，存在依赖于意识，而这（在马克思看来）是“本末倒置的”。马克思则重新“正本清源”，他认为意识来自于存在。马克思称“观念是移植到头脑中的东西，是被转化了的物质”，从而说明观念（例如“法”）毕竟不同于物质：观念并非纯然是假象，而是物质以新形式，即以一种特定文化形式（如以“法”的形式）的移植或转化。弗里德里希·恩格斯后来意识到，马克思和他“忽略了与内容层面对立的形式层面”。因而他认为法除了一定对于经济具有依赖性外，还具有独立性，并进一步承认，“历史要素即便受制于世界上的其他事实，最终是经济上的事实，但它也会反映和反作用于其环境及其本身的原因”。与法的独立性一起产 133

① 格奥尔格·威廉·弗里德里希·黑格尔（Georg Wilhelm Friedrich Hegel，1770—1831），德国著名哲学家，19世纪唯心论哲学的代表人物之一，对后世哲学流派，如存在主义和马克思的历史唯物主义都产生了深远的影响。著有《精神现象学》《逻辑学》《哲学科学全书纲要》《法哲学原理》等。——译者

生的还有法律事实与经济事实相互作用的可能。只是在“终极层次”上，恩格斯才将观念（例如法律思维形式）回溯到经济原因上去。如果我们补充道，唯物史观并不能提出一种先验的教条，而只是一种特别有成效的方法或假设的话，那么这一学说才会回归到其真正的意义上去。

经济原因与法本身的独立性之间形成合力的一个直观例子是结社自由。新兴资产阶级为其自身的经济利益争取到了结社自由，但它所要求和实现的是法律形式的结社自由，采取一种普遍的形式，即对所有人都平等的自由。这一法律形式的装扮本身带来的后果是，结社自由溢出了资产阶级的经济利益之外，同样也有利于无产阶级，甚至以工会结社自由的形式成为与资产阶级本身相斗争的手段，而后者恰恰曾通过贯彻结社自由来维护自身利益。所以法律形式的独立性导致了对于经济的反作用，后者也从前者中获得了某些东西（参见 Radbruch，Klassenrecht und Rechtsidee i.d. Ztschr. F. Soz. Recht，1929）。

关于法的最有价值的历史唯物主义作品是卡尔·伦纳[①]的《私法制度及其社会功能》（1929 年）。对于唯物史观最主要的批评来自于鲁道夫·斯塔姆勒[②]：因为脱离法律形式的经济秩序是

---

① 卡尔·伦纳（Karl Renner，1870—1950），奥地利社会民主主义政治家和法学家，1918—1920 年担任奥地利首相，在奥地利第一共和国的形成过程中发挥了关键性作用。著有《国家与民族》《人与社会》《现代社会的变迁》《私法制度及其社会功能》等。正文中所提及之书名原文为“Die Rechtsinstitute des Privatrechts und ihre soziale Funktion”，正文疑似将“und”误作“in”。——译者

② 鲁道夫·施塔姆勒（Rudolf Stammler，1856—1938），德国著名法哲学家，新康德主义法学马堡学派的代表，著有《法哲学教科书》《正确法论》《经济与法》等。——译者

不可想象的，所以法律不可能单单是经济的产物。

马克斯·韦伯[①]在其名著《新教伦理与资本主义精神》中阐述了观念对于经济因素反作用的一个例子。

Ⅲ. 在实证主义的时代，法社会学同样提出了要成为法哲学的诉求(Paul Barth，Die Philosophie der Geschichte als Soziologie)。

§4　法律心理学

社会学上的原因只有借由个人心理才能具有实效。不法(Unrecht)的心理学，尤其是犯罪心理学的训练要比法的心理学 134
(我们在此只处理这种心理学)更加丰富。要区分主观法(权利)心理学、客观法心理学以及司法判决心理学。

Ⅰ. 因为**主观法**(**权利**)必须被定义为受法律保护的利益，所以其中存在着两种最强烈且彼此敌对的力量：自身利益和受法律及道德认可的意识——道德义务，因为在耶林[②]看来，为自己的权利而斗争是一项道德上自我主张的义务，法感(Rechtsgefühl)与良知处于心理学上的对立面，良知拘束自利，法感则解除它的束缚。

① 马克西米利安·卡尔·艾米尔·韦伯(Maximilian Karl Emil Weber，1864—1920)，小名马克斯·韦伯(Max Weber)，德国政治经济学家、社会学家，被公认是现代社会学和公共行政学最重要的创始人之一。著有《新教伦理与资本主义精神》《经济与社会》等。——译者

② 鲁道夫·冯·耶林(Rudolph von Jhering，1818—1892)，德国著名法哲学家，目的法学的开创者，也被认为是法社会学的先驱之一。耶林一开始是概念法学的拥护者，从1858/1859年前后开始转向目的论思想。著有《罗马法在其不同发展阶段之精神》《法律中的目的》《为权利而斗争》等。——译者

因而它们展现出大相径庭的特征，良知占上风的人格与法感占上风的人格可以被清晰地区分开来：温顺的与易怒的、仁慈的与坚强的、圣人与英雄、胆小怕事者与无事生非者、仆从与犟种。前者体现为“恐惧型人格”，后者体现为“暴躁型人格”（Kornfeld in der Zeitschrift für Rechtsphilosophie，Bd.1，S.135ff.）。法感极易受到伪善或自我欺骗的威胁：自利、嫉妒，专断、好斗和权力欲，报复心和幸灾乐祸都会自我装扮成法感。法感同样易于导向病态的提升与被害妄想。进而，它附着于个别情形，多数时候并不对于具体情形进行一般化（这一点对于权利而言至关重要）。它的主要对象是臆想的而非现实的权利。最后，对于耶林关于为权利而斗争的绝对义务学说，我们可以反对道，不仅“良善的权利”有价值，而且“亲爱的和平”（liebe Friede）也有价值（参见 Riezler，Das
16 Rechtsgefühl，1928；Hoche，Das Rechtsgefühl，1932；Radbruch in der Zeitschrift Die Tat，Juli 1914）。

Ⅱ. 服从**客观法**可能基于多种动机：对刑罚的恐惧、对强制的预测、符合对自身利益的理解、随大流、习惯、秩序感与共同体感、对国家权力的忠诚、良知以及最终同样还包括法感。此外，服法者并不一定对法有着全面普遍的知识，而毋宁是因为人们对于国家权力的“空白承认”（Blankoanerkennung，依据神学上“深信不疑”[fides implicita]的方式）。但假如在民众中并不存在至少那么**一个**熟悉法且出于自身目的承认法具有拘束力的核心群体——法律人阶层，那么就不可能存在法秩序（参见 Franz Klein，Die psychologischen Quellen des Rechtsgehorsams，1912）。

135 Ⅲ. 不同于服从法的民众，**司法判决**通常基于对法的认知和服从。但阶级司法(Klassenjustiz)的观点指责道,即使是在法官的心理中也可能会混杂着不受控制和并不客观的动机。它并不意味着有意枉法裁判,而是可能受到这种驱动力的无意识影响:法官属于资产阶级和有教养的阶层。它至多会通过意识到这种驱动力而被克服,例如在劳动法院中指派给职业法官同等数量的雇员和雇主的代表,并在双方的立场发生分歧时清晰地表明阶级对立。美国法律科学中的"现实主义运动"致力于以科学手段来确认司法判决的动机,尤其是有偏见之动机的效果;其根基在于著名大法官奥利弗·温德尔·霍姆斯[①]的格言:法学不外乎是对法院在具体案件中将要做什么的预测。参见 Angela Auburtin, Ztschr. f. ausl. öffl. Recht, Bd. Ⅲ, 1932, S.529ff.。

Ⅳ. 法律心理学同样提出了要求被承认为真正之法哲学的诉求。参见 Petrazychi, Über die Motive des Handelns, 1907。

§5 鲁道夫·冯·耶林(1818—1892)

在此要单独来处理鲁道夫·冯·耶林,因为他的著作将19世纪法律科学的所有主题都结合在了一起,此外还指明了一种新的法哲学的未来发展方向。

在《罗马法的精神》(1825年及以后)一书中,耶林认真对待了历史法学派的任务,即将法追溯到"民族精神"(Volksgeist)。但他

① 奥利弗·温德尔·霍姆斯(Oliver Wendell Holmes, 1841—1935),美国著名法学家,美国最高法院大法官,著有《普通法》《法律的道路》等。——译者

将罗马的民族精神十分平淡无奇地描绘为受纪律约束的利己主义和坚定不移的活力。

他的演讲《为权利而斗争》(1872 年)以及他的著作《法中的目的》(1877 年及以后)已然为这两句标语所概括:“只有通过斗争才能求得你的权利”以及“目的是全部法律的创造者”。对于耶林内心充满斗争和矛盾的生命本质而言很有特色的是,在他自己将全部法律宣告为一种有意识的目的创造物之前,他长久以来曾对这一学说进行了激烈的批判,从而已然为其划定了界限。在作者所
136 编辑并于其去世后出版的《法尔克法学百科全书》(1851 年)中,他曾说道:“支配道德世界的不完全是合目的性原则,在追求这一原则的法条和制度之外,还存在其他并不以任何事物为目的的原则,它们是道德或法律基本观点的自然结果,因而不能用那种标准[①]来加以衡量;在上一个世纪(18 世纪),人们经常犯这一错误,因而将最高贵和最深层的东西完全抛到了尘埃之中。”

在《诙谐与严肃》(出版于 1885 年,但这本小书的核心思想在 1861 年就出现了)一书中,耶林用目的法学(Zweckjurisprudenz)来对他自己在《罗马法的精神》中所代表的“概念法学”(Begriffsjurisprudenz)进行了批判。今天可以确定耶林从概念法学倒向目的论法律发现的动机与时刻(参见 H. Kantorowicz, Deutsche Richterzeitung, 15. Januar 1914)。罗马法学家保罗[②]在

① 即指“合目的性原则”。——译者

② 保罗(Paulus,?—222),古罗马五大法学家之一,最著名的著作是关于告示的 80 卷注释书,在《学说汇纂》中摘录了他的 2081 段作品。——译者

《学说汇纂》18.4.21 中提到了一个广为流传的判决，据此，卖方可以对被他两次出卖、后来因意外灭失的物向两位买方同时要求支付价款。耶林曾赞成这一判决。三十年后，他在实务中遇到了一个相同的案件。此案涉及两次出卖一艘后来沉没之轮船。一审法院援引耶林先前对《学说汇纂》那处的赞成意见做出了判决，但二审法院驳回了起诉。借由案卷移送制度，哥廷根大学法学院[①]需要对这一判决提供意见。耶林承认，“在我的一生中，从来没有一个法律案件像这个那样如此(说是窘迫已经很好了)令我心绪难平。如果说理论上的歧途毕竟应受惩罚的话，那么当时的我就在很大程度上面临这一惩罚。但事实上是另一回事，无关乎结果和不幸，它在生活中激发出了一个人们相信要依据来源去解读或从后果中提取出来的法条，可以在纯理论的层面上满足它或运用它的法条。一种病态的观点(如果只有主体本身尚属健康的话)无法经受住这种检验。”事实上，耶林决定反对其先前表述的法律观点。此外，这一经历也可以用来说明判例法的优势所在，因为它迫使法学家运用一个实务中的个案去直接实现其法律观点，从而有别于制定法，后者只能以幻想或记忆中的法律案件为支撑。

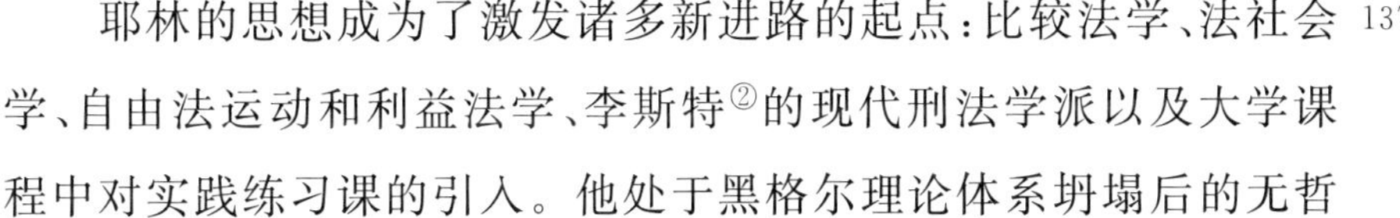

耶林的思想成为了激发诸多新进路的起点：比较法学、法社会 137
学、自由法运动和利益法学、李斯特[②]的现代刑法学派以及大学课程中对实践练习课的引入。他处于黑格尔理论体系坍塌后的无哲

① 耶林当时就职的法学院。——译者

② 弗朗茨·冯·李斯特(1851—1919)，拉德布鲁赫的老师，德国刑法学家、刑事社会学派的创始人，主张目的刑法和防卫刑理论。著有《刑法中的目的思想》《德国刑法教科书》等。——译者

学时代，虽然自身依然偏执于实证主义而阻碍了法哲学的更新——是后来的鲁道夫·斯塔姆勒完成了这一更新（Rudolf Stammler，Lehre vom richtigen Recht，1902）。

参考文献：Wieacker，R.v.Jhering，1942.

§6 法哲学的任务

Ⅰ. 哲学史同时也是其不同任务的历史。这些任务通常有着共同之处，它们总是与此相关：根据各自时代的精神，人类如何来回答最严肃、最深层的终极问题。在自然科学占据统治地位的时代和实证主义的时代，哲学要承担起这样的任务，即将对经验科学的终极认知与一种无矛盾的体系联结起来。因而一般法学说、普遍史学和法社会学被认为是哲学的替代物，甚至就是哲学本身。相反，由于今天我们的价值体系已然动摇，所以人们尤其倾向于将哲学理解为价值的科学和应然的科学。这种哲学在逻辑学中教导给我们正确思维，在伦理学中教导给我们正确行动，在美学中教导给我们正确感官。相应地，法哲学也就成为了“正确法学说”（Lehre vom richtigen Recht，鲁道夫·斯塔姆勒）。它处理的是法的价值与目的、法的理念以及理想的法，并在法政策学中得以延续，后者以理想法的实现可能为其对象。

Ⅱ. 经验科学与实然（存在）、成长和形成有关；相反，哲学与价值、应然有关。经验科学探究自然法则，其确认必然发生之事；法哲学探究价值法则和规范，其确证应当发生之事，尽管它并不总

是会发生。康德[①]教导我们，从价值推导出现实、以实然事实来证立应然、将自然法则彻底改变为规范是不可能的。某个行为的正确性无法以归纳的方式用经验事实来证立，而只能以演绎的方式 138
从更高、最终是最高以及终极的价值中推导出来。价值的王国与事实的世界彼此封闭，相互间没有重叠之处。人们将价值和现实、应然和实然的这种关系称为“**二元方法论**”(Methodendualismus)。

Ⅲ. 正确法学说千年来肩负着**自然法**(Naturrecht)之名。在古代，这一思想以自然与法令之间对立的面目出现(亚里士多德[②])，在中世纪表现为神法与世俗法的对立(托马斯·冯·阿奎那)[③]，到了近代则表现为理性与强制秩序间的对立(从胡果·格劳秀斯[④]到卢梭[⑤])。现代自然法学说的基础在于“**社会契约**”论。社会契约不能被视为实然事实，而毋宁要被作为一种虚构的标准。它不能被视为一份真实缔结的契约，而只能被视为一种概念建构，

① 伊曼努尔·康德(Immanuel Kant，1724—1804)，德国哲学家，德国古典哲学创始人，启蒙运动时期最后一位主要哲学家，西方最具影响力的思想家之一。著有“三大批判”，即《纯粹理性批判》《实践理性批判》和《判断力批判》，以及《道德形而上学原理》《道德形而上学》等。——译者

② 亚里士多德(Aristotle，前384—前322)，古希腊人先哲，世界古代史上伟大的哲学家、科学家和教育家，一位百科全书式的科学家，几乎对每个学科都做出了贡献。人文社科方面著有《形而上学》《工具论》《尼各马可伦理学》《政治学》《修辞学》《诗学》等。——译者

③ 托马斯·阿奎那(Thomas Aquino，1225—1274)，中世纪著名经院哲学家和神学家，基督教人文主义者，著有《神学大全》(Summa Theologica)。——译者

④ 胡果·格劳秀斯(Hugo Grotius，1583—1645)，荷兰法学家，古典自然法学派主要代表之一，世界近代国际法学的奠基人，著有《战争与和平法》。——译者

⑤ 让-雅克·卢梭(Jean-Jacques Rousseau，1712—1778)，法国启蒙思想家、哲学家、教育家、文学家，18世纪法国大革命的思想先驱。著作有《论人类不平等的起源和基础》《社会契约论》《爱弥儿》《忏悔录》《新爱洛漪丝》等。——译者

据此来衡量国家秩序和法秩序的正确性：如果可以想象，国家和法秩序来自于所有个人自由缔结的合约，那么它们就是善的和正确的。社会契约是一种个人主义法律思维的形式：只有当国家和法秩序符合所有人的个人利益时，它们才能被认为来自于个人间的契约。社会契约的个人主义思想是一种革命性的思想；个人主义法律观和国家观以这种形式在法国大革命中获得了成功。随着复辟时代的逆流，自然法的统治也被终结了，接替它的是历史学派的统治。

三个阶段的自然法具有如下共同点：

1. 自然法如同自然、上帝和理性一般不可变更、普遍有效，对于所有时代和民族均是如此。

2. 自然法可以通过理性被清晰地认识。

3. 自然法不仅是衡量实在法的标准，而且要求代替实在法的位置，只要后者与它相矛盾。

基于下面马上要阐明的理由（见下文Ⅳ），自然法不能被视为是普遍有效和不可变更的，而只能被视为是“**内容可变的自然法**”（斯塔姆勒）。这种自然法在多大程度上可以被客观认识到，因而适合去取代偏离它的实在法的位置，同样将在后文中（§10，§12）来确定。

139 Ⅳ. 法哲学的基础部分在于“**人类本质**”，部分在于“**事物本质**”，部分在于法理念，部分在于法质料。人类本质是法哲学的恒常要素，而事物本质是法哲学的变量要素。

1. 法理念以**人类本质**为基础。人类的本质是理性。理性基础上的法理念如同理性一样是普遍有效的，但（根据康德的观点）

却是纯形式性的，这意味着无法仅仅根据它就发展出一套完整的法秩序，就像自然法所假设的那样。

2. 事物本质的概念在古代就已经出现，它借由孟德斯鸠[①]成为被关注的核心。他的著作《论法的精神》的开篇语为："法律是从事物本质中推导出来的必然关系。"（关于"事物本质"，参见Radbruch in der Festschrift für Laun，预计于1947年出版；Rechtsidee und Rechtsstoff in der Kant-Festschrift, Archiv für Rechts-und Wirtsschaftsphilosophie, 1924）。

（1）在术语"事物本质"中，"事物"意味着质料和材料、"立法的现实"（Eugen Huber, Ztschr. f. Rechtsphilosophie, Bd. 1, S. 39ff.），概言之，指的是自然的、社会的和法律的状态，立法者发现了它们，并对它们加以调整。法的质料首先是自然事实，从苹果落到篱笆之外（这对于相邻权具有重要意义）到地球围绕地轴自转、围绕太阳公转（据此来最终确定法律期限和日期）。人类对自然不断加深的支配和技术的发展创造出了新的质料，从而也创造出了新的法律问题。自然物和存在者同样也是与自然相关的人类共同生活形式，这种自然教导所有的动物：男性和女性结合，生育和教育子女（quod natura, omnia animalia docuit: maris atque feminae coniunctio, liberorum procreatio et educatio. Ultopia D. 1. 1. 3）。但对于法律上的时间测定而言，地球的旋转并不是直接起决定作

① 查理·德·色贡达·孟德斯鸠（Charles de Secondat, Baron de Montesquieu, 1689—1755），法国启蒙思想家，西方国家学说和法学理论的奠基人之一，权力分立学说的提出者。著有《波斯人信札》《罗马盛衰原因论》《论法的精神》等。——译者

用，而是要通过日历中习惯性调整的中介来进行。所以自然的性交和生育关系并不能直接成为法的质料，而是要以社会构造物的形式才行，它们构成的是这种社会构造物的自然内核：一夫一妻制或多配偶制、母权制或父权制。故而自然事实已然超出了自身之外而指向了法律关系的社会雏形（前者构成了后者的质料），指向了通过习惯、传统、风俗、商业惯例、社会风气来调整的生活关系。例如，立法者发现了日常生活中的交易类型，并将它们作为债法的
140 基础，他进而发现了乡镇和教会这样的集体组织，它们要求自己被视为法人。他还发现了反社会的行为，它们早已为民众的良知所唾弃，对它们要施加禁令和惩罚；但同样还有不良的恶习，在与之相抗争时立法者必须注意到，它们（就像直到最近一直存在的“决斗”）具有一种被认可之习俗的权力。这些法律调整的雏形与习惯法之间不存在严格的界限，因而通向了属于法的质料的第三组事实：通向了已经为法律所调整的生活关系。当人们将经济事实称为立法的质料时，人们必然同时考虑到了对它的法律调整（就像斯塔姆勒在对唯物史观进行批判时所做的那样）。经济对于塑造制定法的影响事实上就是一种既存的法律状态对于塑造新的法律形式的影响。立法时代的法不可避免地在新的法中继续发挥作用，并不仅以过渡性条款和既得法的形式存在；它更意味着这样一种区别：人们是在迄今为止的法的位置上置入了新的法，还是在迄今为止法律上未开垦的土地上设立了新的法，例如，对拒斥死刑的讨论是在一个认可死刑之法秩序的背景下进行的，还是在一个原本不熟悉死刑的法秩序的背景下进行的。正因为同样要将既存法律

状态作为“事物”来考虑，所以“事物本质”同时也显现为法哲学与法政策学的一种历史的、传统的和保守的要素。

(2) 关于“事物”就谈这么多。接下来谈“事物**本质**”：“本质”在此要被理解为事物的本性和意义，从生活关系状态本身中提炼出来的客观意义。它是对这一问题的回答：具备如此状态的生活关系如何能有意义地被构想为某个特定价值思想的实现。

但是，某个既存生活关系的意义和价值理念(在表面上与二元方法论存在对立)在多大程度上对于正确法来说是确定性的呢？

1. 首先，事物本质在此意义上看起来是决定性的，即特定的法理念可能转变为现实。在此意义上，事物本质意味着对迟钝世界的反抗，法理念为了自身的实现(在时间上)必然迟早要适应它。梭伦[①]早就回答过这个问题，即他是否给了他的公民可想象得到的最好的制定法：“当然不是绝对最好的，但却是能够实现的最好 141
的。”通往法政策学的法哲学就像政治学那样是“可能性的技艺”。“**我就喜欢追求不可能的事**”——这无论如何不能被提升为法哲学和法政策学的座右铭。

2. 但事物本质并不仅以法律思想之实现障碍的形式出现，而是在法律思想形成时就已经发挥作用了。每一种法律思想都不可避免地带有它得以型塑的“历史气候”的标记，大多从一开始就被不知不觉地限定在历史可能性的界限之内，正是在此意义上它们

---

① 梭伦(Solon，前638—前559)，古希腊时期雅典城邦著名的改革家、政治家、诗人，古希腊七贤之一。梭伦在公元前594年出任雅典城邦的第一任执政官，制定法律，进行改革，史称“梭伦改革”。——译者

与事物本质相关联。

3. 但是最后，事物本质对于立法者的意义并不仅立基于现实化的要求和对理念形成的历史界限，而同样也立基于法理念的本质本身。每一种价值理念都是为某种特定的质料而确定，因而同样也要被这一质料所确定。例如，正义的理念指涉共同生活，并在其本质中清晰地阐明了对于共同生活的这一规定性。就像艺术家关于其作品的理念部分决定于他创作它时所想要使用的质料（当他使用大理石或是青铜时就会不同），每一种价值理念也会受到某种特定质料的制约（埃米尔・拉斯克[①]），尤其是法理念本质上会受法质料的限定，通过各个时代、通过特定的民族精神，简言之：通过事物本质（“理念的质料规定性”）。

事物本质在某种程度上有助于缓解价值和现实、应然与实然之间生硬的二元论的张力，但却无法抛弃它。同样，对于事物本质（它作为事实的意义向着实然层面运动），法理念拥有最终的话语权。尽管事物本质以其有意义地塑造既定法质料的要求来抵制法理念，但法理念依然应得到最终的决定权。法学是关于神和人的事物的知识（事物本质），是关于正义和非正义的科学（法理念）。

参考文献：Radbruch，Rechtsphilosophie，3. Aufl.，1932；其他引文出处：Sauer，Lehrb. d. Rechts-u. Sozialph.，1929，S. 5ff.。

① 埃米尔・拉斯克（Emil Lask，1875—1915），新康德主义西南德意志学派哲学家，著有《法哲学》《哲学逻辑与范畴论》《判断力学说》《费希特的观念论与历史》等。——译者

关于该处引文的补充参见：Karl Petraschek，System d. Rph.，1932；Giorgio del Vecchio，Lehrb.，德语译本，1937 年；进一步参见：*Modern Theories of Law*，hrsg. v. Jennings，London，1932；W. Friedmann，*Legal Theory*，1945。

142 # 第二章　法理念

§7　正义

Ⅰ. 实在法的价值标准和立法的目标是正义(Gerechtigkeit)。正义就如同真、善、美一样是一种绝对的价值,它以自身为根基,并非从更高的价值中推导出来。

28 Ⅱ. 我们必须区分:1.作为美德的正义,即作为个人品性(如公正的法官)的**主观正义**,与作为人们间关系属性(如公正的价格)的正义,即**客观正义**。主观正义是一种取向于客观正义之实现的态度,它与后者的关系就如同真实与真的关系一般。也就是说,客观正义是正义第一位的形式,而主观正义是正义第二位的形式。这里只对客观正义感兴趣。

还要进一步区分:2. 基于实在法的正义——**合法性**(Rechtlichkeit)——与作为前制定法或超制定法之法理念的正义——**狭义上的正义**。前者是法官的正义,而后者则是立法者的正义。在此对后者感兴趣。

Ⅲ. 正义的核心在于**平等**的思想。从亚里士多德开始就区分了两种类型的正义,在其中清晰显示出两种不同形式的平等:“**矫**

正正义”(justitia commutativa)意味着给付与对价的绝对平等，例如货物与价格、损害与赔偿、罪责与刑罚。“**分配正义**”(justitia distributativa)意味着在涉及多数人时的比例正义，例如依照不同的给付能力来对他们课以不同的税负，依照服务年限和资质来升职。矫正正义以两个具有相同法律地位的人为前提；相反，分配正义至少以三个人为前提：一个居于上位的人向两个或更多居于下位的人强加负担或赋予他们利益。如果将私法视为同等地位之人彼此之间的法，而将公法视为不同地位之人彼此之间的法，那么矫正正义就是私法上的正义，而分配正义就是公法上的正义。私法 143
的法律平等性是一种分配正义行为的后果，因为要成功运用矫正正义，就必然首先要由分配正义来承认参与它的人具有相同的权利能力。故而分配正义——各得其所[suum cuique]——是正义的原初形式，而矫正正义是正义的推导形式。

Ⅳ. 即便这两种形式的正义是一种绝对的、无法用其他价值来证立的价值，就如同善、真和美一般，正义中所包含的平等在心理学上也并非总是具备合乎伦理的动机。例如追求平等可能是出于嫉妒，是为了享有与特权者同样的待遇；可能是出于妒忌，是为了将特权者拉低到与自己一样的处境；可能是出于幸灾乐祸，是乐于看到别人掉到自己曾陷落过的陷阱里；可能是出于报复心理，是对损害方以牙还牙，让他也遭受受害方曾遭受过的不幸。故而实施正义实际上是“理念的清单”(黑格尔)的一例，要辅之以激情才能来实现它。

Ⅴ. 正义本身包含着一种无法克服的紧张关系：平等是其本

质，因而一般性是其形式——尽管如此，它内含着吻合个别情形与个体之特殊性的追求。人们将这种被追求的符合个别情形与个体的正义称为“**衡平**”（Billigkeit）。但衡平的要求是无法被充分满足的，个别化的正义本身就是一种矛盾，因为正义要求的是一般性的规范。但是它的一般性是有程度差异的，即便是特殊性总还是一般性的一种形式，它往前再跨一步就是个别化，但并不能完全达致后者。因而正义的衡平倾向在特殊化之中只能被部分地满足，它是极度的一般化与彻底的个别化之间的一种平衡，例如当承认民法面前人人平等的同时又在劳动法中区分雇主和雇员、工人与职员时就是如此。

Ⅵ．正义是一种形式理念。它并没有对两个问题做出回答，而预设它们是已经被回答了的。它意味着依据同样的标准对同等
144 者同等对待，对不同等者不同等对待，但它既无法确定要将谁视为是同等的或者是不同等的，也无法确定如何来同等对待或不同等对待。同等性永远只是基于既存之不同等性的抽象构造物，因为这个世界上的人和事彼此是如此不同，“就像一个鸡蛋与其他鸡蛋［的不同］那样”。例如，同一个犯罪构成要件的实施者是应当基于他们犯下的相同罪行而遭受相同的刑罚，还是应当依据不同的前科及其不同的人身危险性给予不同的处罚，在依循正义给出判决前，首先就必须基于目的考量对这一同等抑或不同等的问题做出决定。同样，我们也几乎无法从正义中推导出刑罚的类型与绝对确定的幅度。正义总是只能在某个既定之刑罚体系内确定合乎比例的刑罚措施，但却无法确定这个刑罚体系本身。这一刑罚体系从上到下，是以严厉的死刑开始直至以令人尴尬的拘留结束，或者

是以终身监禁开始直至以最低的罚金结束，对此正义无法做出任何回答。它只能在一把既定的刑罚刻度尺中去确定一个与既定之行为人的罪责和人身危险性程度相吻合的点。正义所能实现的只是制定法的形式：它对于所有被同等对待者都是平等的，因而具有一般性的形式。相反，关于这种一般性的内容是什么，对于所有被同等对待者同等有效的制定法是什么，它不置一词。

Ⅶ．当然，以上所说并不意味着，并不存在可以单独从正义中推导出来的内容上确定的法律准则。关于法律适用的法律准则恰恰可以是在内容上单独由正义来确定的，例如法官的独立性或者不予辩护的机会就不得课以终局性的处罚就是纯粹的正义要求，因而它们与正义本身一样具有绝对性。但大部分法律准则从正义那里获得的只是它们的形式，即平等对待所有人及制定法规整的一般性，它们的内容则必须要通过另一个原则来确定，这一原则同样属于法理念：合目的性。

参考文献：Giorgio del Vecchio，Die Gerechtigkeit，1940；Nef，Gleichheit und Gerechtigkeit，1941；Emil Brunner，Gerechtigkeit，1943；Radbruch in “Justice and Equity”（The New Commonwealth Institute Monograph），1935.

§8　合目的性 145

Ⅰ．为了能从正义中推导出法律准则，就必须补充上合目的性（Zweckmäßigkeit）。就此而言，“法的目的”不应被理解为一种经验上的目的设定，而要被理解为应然的目的理念。如果说正义的概念属于法哲学的话，那么法的目的理念就必须从伦理学中提取出来。伦理学被分为义务论和利益论。道德利益要被理解为构成道德义务之内容的价值。法的目的既可以指涉道德利益，也可以指涉道德义务。

Ⅱ. 依据其承载者的本质，道德利益论可以被区分为三组价值：第一组承载者是个人人格（Einzelpersönlichkeit），第二组是总体人格（Gesamtpersönlichkeit），第三组是文化作品（Kulturwerk）。依据这三组价值类型的排序，我们区分出三种价值体系：个人主义的价值体系将个人人格价值视为最高利益；超个人主义的价值体系将总体人格价值视为最高利益；而超人格主义的价值体系将文化作品视为最高利益。

与上述三组价值的承载者相应的共同生活形式为个人主义的"社会"（Gesellschaft）、超个人主义的"总体"（Gesamtheit）以及超人格的"共同体"（Gemeinschaft）。为了直观地说明这些理念，可以将"社会"想象成一种契约关系，将"总体"想象成像人身那种有机体，将文化创作的"共同体"想象成建筑工人行会的形式，在其中建筑工人并不是以人对人的形式彼此直接联合在一起的，而是通过他们共同的作品彼此间接联合在一起的。这三种人类共同生活的社会形式可以用关键词表达为：自由、权力、文化。个人主义理念，即自由，在党派政治上可以表现为自由、民主和社会主义的政党。根据自由主义的观念，人格价值——用数学语言来说——是一种无限的、无法再被倍乘的值，即使用它来对抗多数人的利益也是正当的。相反，民主思维只赋予它一个有限的值，这意味着多人叠加的人格价值要优先于少数人叠加的人格价值。如果说民主只能保障形式的、法律上的自由的话，那么**社会主义**就要求实质的民主，即个人事实上、经济上的自由，但并不由此就远离个人主义的终极目标。相反，超个人主义的有机体学说是**威权**或**保守**党的基石，据此，国家和整体的存在并不是为了其成员的利益，相反，成员的存在是为了整体的利益，而国家的任务在于代表多数公民的利益。最后，**超人格**的观念找不到任何对应的党派学说，但它构成了对例如没落民族之嗣后历史评价的唯一标准，因为文化作品的生命本身要比这些民族来得长久。 146

Ⅲ. 这三种价值类型的排序不可能以清晰和可证明的方式来确定。法的最高目的和价值不仅因为不同民族和时代的社会处境是相异的，而且因为人和人的主观评价也是不同的——依据他们的法感、国家观和党派立场、宗教或者世界观。这一决断只能由自身的人格深处来塑造，只能是一种良知的决断。科学必然只限于为这一决断准备好那三组价值。它以三种方式为决断服务：1.它以体系完整的方式提出可能的评价；2.它说明了实现它们的手段以及以它们为条件的结论；3.它揭示了每种评价性立场的世界观前提。尽管这三种形式的相对主义并没有教会个人去认识到他应当如何选择，但却教会他原本想要的是什么，即，为了维系前后一致，他必须想要什么——如果他服从推理法则的话。

Ⅳ. 如果对同样为法所追求之最高利益的追问导向了对相对主义的屈从，那么从义务的一般本质学说——即便它在内容上总是确定的——出发就可以获得对法的绝对要求。当然，法本身并不能设定直接服务于满足伦理义务的任务：伦理义务的满足在概

念上必然是一种自由行为,因而无法通过法的强制来满足。法无法强制满足伦理义务,但却可能满足它:法是满足道德义务的可能性,或者换言之,法是那种外部自由的标尺,离开它伦理决定的内部自由就无法存在。保障那种外部自由是**人权**的本质与内核。因此,这种权利具有绝对性,不是说它们以这样或那样的实在法形式存在,而是说它们是满足道德义务的必要条件。因而在某种程度
147 上,自由主义是每种观念所必要的基本元素——包括民主或社会主义的观念,甚至包括威权观念。此外,自由主义本身无法产生出一个自我封闭的法秩序和国家秩序,它是对每种国家观的限制。它在每种国家观中都显现出一种富有成效的紧张关系,要么是自由主义与民主之间,要么是自由主义与社会主义之间,要么是自由主义与保守主义之间。关于人权与超个人主义的民族整体或超人格的文化作品之间的价值关系决定了分配的正义。但无论是基于超个人主义的立场(“你什么也不是,你的民族就是一切”)还是基于超人格的立场(“菲迪亚斯①的一座雕塑就足以抵消数百万古代奴隶的不幸”)来完全否认人权,都绝对是非正确法(不正义)。

§9 法的安定性

Ⅰ.法的目的问题必然以相对主义终结,只要它依据伦理利益来安排。因为正确法(das richtige Recht)无法**被确认**(festgestellt),

① 菲迪亚斯(Phidias),古希腊著名雕塑家、建筑设计师,雅典人,主要活动时期在约公元前490年至公元前430年,其著名作品为世界七大奇迹之一的宙斯巨像和巴特农神殿的雅典娜巨像。——译者

所以它必须通过权力**被确证**(festgesetzt)，这种权力同样能用来**实施**被确证之事。这是对实在法的辩护，因为法的安定性(Rechtssicherheit)要求只有通过法的实证性才能被满足。因而法理念的第三个构成要素就显现为法的安定性。

Ⅱ. 我们并不将法的安定性理解为**通过法实现的安定性**(Sicherheit durch das Recht)，例如保护(人们)免遭谋杀、杀害、盗窃——这已然为合目的性的概念所涵盖了，而是理解为**法的安定性**(Sicherheit des Rechts)本身。这提出了四方面的要求：1.法是实在的，即它是制定法；2.这一制定法本身是安定的，即立基于事实，而非通过例如像“诚实信用”“善良风俗”这类一般条款去指示法官关照自身关于个案的价值判断；3.尽可能无错误地来确证立法的事实，即它们是“可用的”，为此许多时候必须容忍它们的粗糙性，例如用外部特征来替代原本所考虑的事实：如不用个人内心的成熟程度去判断行为能力，而用对于所有人都相同的法定成年年龄来判断；4.最后，实在法不得过于轻易就被修改，不得陷入机会主义立法的境地，这种立法使得因每种突发奇想造成制定法形式 148
的彻底改变成为可能；从这一立场来看，权力分立学说中的“分权制衡”、议会立法的滞后性都是对法的安定性的保障。

Ⅲ. 法的安定性要求实在法具有效力。但法的安定性需求也会导致事实状态转化为法律状态，甚至以极度矛盾的方式导致从不法中产生法。纯粹的事实状态，如国际法中的现状(status quo)和民法中的**占有**，在享有法律保护时并不虑及它们是否具有法律基础。**时效取得**和**诉讼时效**意味着，经过特定的时间某个不合法的状态转变为了合法的状态。为了法的安定性，也即是一次性地

终止争议，即使是错误判决也要获得其**既判力**(Rechtskraft)，在判例法或先例文化传统中，个案会对未来同类案件生效。一开始违反制定法的**习惯**会变成法，继而甚或能排除与之相对之制定法的效力。只要未获成功，**革命**(即叛乱)就是犯罪，但成功之后它就变成了新的法律之基。在此，法的安定性再次标示着不法变成了新的法。一个革命政府以此来获得自我正当化：它有能力证明自身能维系安宁与秩序。故而在革命成功之后，每个革命政府都习惯于宣告它将保障(因自身的叛乱而被干扰的)安宁与秩序。因而法的安定性思想导致在权力与法之间存在极度矛盾的关系：权力并不优先于法，但获胜的权力却创设了一种新的法律状态。

Ⅳ. 在英国法中，法的安定性思想优先于法理念的其他组成要素，英国法律思想家边沁[①]就对法的安定性不吝溢美之词：它确保着对于未来预见的可能性，因而确保着对于未来的支配，它是一切计划、劳动和储蓄的基础，它导致生活并不只是瞬间的序列而具有连续性，导致个人生活成为代际之链的组成部分，它是文明开化的决定性特征，它使得文化人区别于蛮荒之人，和平区别于战争，
149 人区别于动物。相反，雅各布·布克哈特[②]有时讥讽这种“小市民的安全感(安定性)”(bürgerliche Sekurität)，并指明恰恰在那些缺

① 杰里米·边沁(Jeremy Bentham，1748—1832)，英国的法理学家、功利主义哲学家、经济学家和社会改革者。英国法律改革运动的先驱和领袖，并以功利主义哲学的创立者、一位动物权利的宣扬者及自然权利的反对者而闻名于世，对社会福利制度的发展也有重大的贡献。著有《道德与立法原理导论》《政府片论》等。——译者

② 雅各布·布克哈特(Jakob Burckhardt，1818—1897)，瑞士文化与艺术史学家，在两个领域的史学史中具有重要影响力，被视为文化史的先驱，代表作为《意大利文艺复兴时期的文化》(1880年)。——译者

乏安定性的时代会产生伟大的文化现象。如果说人们在从 1871 年到 1914 年这段不同寻常地长的和平时期已经厌倦了习以为常的安定性，那么我们现在已经体验到了足够多的相反之事，是时候来再次对其真正的价值进行评估了。

参考文献：Germann，Rechtssicherheit，in：Methodische Grundfragen，Basel，1946.

§10　价值理念的排序

上面所说已然说明，三种价值理念需要互为补充：正义的形式性需要用目的思想来补充其内容，正如目的思想的相对主义要求法具有实证性和安定性一样。这三种价值理念互为要求，但同时也彼此矛盾。

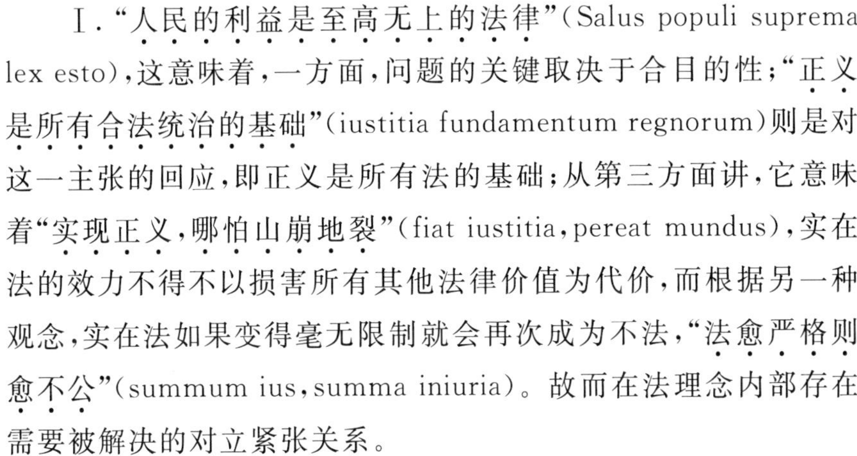

Ⅰ.“人民的利益是至高无上的法律”（Salus populi suprema lex esto），这意味着，一方面，问题的关键取决于合目的性；“正义是所有合法统治的基础”（iustitia fundamentum regnorum）则是对这一主张的回应，即正义是所有法的基础；从第三方面讲，它意味着“实现正义，哪怕山崩地裂”（fiat iustitia，pereat mundus），实在法的效力不得不以损害所有其他法律价值为代价，而根据另一种观念，实在法如果变得毫无限制就会再次成为不法，“法愈严格则愈不公”（summum ius，summa iniuria）。故而在法理念内部存在需要被解决的对立紧张关系。

Ⅱ.从 1933 年到 1945 年被一再宣告的是，法就是一切对民族有益的东西。由此，超个人主义的目的理念、公共福祉毫不妥协的立场以及完全否认个人人权的权力以其最极端的形式得以强调。这正是目的思想相对于正义之自负的一例。因为正义是用来确定个人与民族整体之间的价值关系的，因而正义优先于合目的性。法的安定性同样优先于合目的性，因为合目的性不容许进行普遍有效的确认，所以无法区分臆想或假称的合目的性与任意专断。而法的安定性的本质与意义恰恰在于，鉴于有争议的合目的性要求创设出单义清晰的法。

Ⅲ. 关键性的对抗存在于正义与法的安定性之间。法的安定
150 性虽然要求适用实在法（即使它是不正确的），但却要求平等地适用不正确的法，明天如同今天一样适用，对一方当事人如同对另一方当事人一样适用，即恰恰要吻合那种决定着正义之本质的平等，只是在这里指的是面对所有人平等公正地分配（依据正义来衡量的）不法，因而对正义的恢复首先就要证立一种不平等的对待，即不正义。因为法的安定性是正义的一种形式，因而正义与法的安定性之间的矛盾就是正义自身的冲突。所以这种冲突无法一刀切地加以解决。这个问题毋宁是一个程度的问题：一旦实在法的非正义达到了这样一种程度，即通过实在法来保障的法的安定性相对于这种不正义已经不成比例时：在这种情形中，不公正的实在法已经偏离了正义。但通常来说，实在法所保障的法的安定性恰恰被视为是正义的较弱形式，它同样能用来为不公正的实在法辩护：如果法律是不安定的，它就不可能是公正的（培根语）。

参考文献：Radbruch，Le but du droit，Annuaire de l'Institut de Philosophie du Droit，1937/38.

第三章　实在法

§11　法的概念

Ⅰ. **法的概念**与**法理念**之间的关系一如实然与应然的关系。法是一种实然事实，尽管如此，法的概念却无法从法律现象中通过经验归纳推导出来，因为要这么做的话，首先就必须将这些法律现象识别为“法律”现象。因而法的概念具有先验性，只能演绎式地获得。

Ⅱ. 法是一种文化现象，法的概念是一个文化概念。但文化概念既非价值概念，也非纯粹的事实概念。它们毋宁是“涉及价值的”概念。例如，被理解为文化概念的“科学”就不同于“真”这个价值概念：它不仅包含已被发现的真，也包含某个时代的科学谬误； 151
但它也不是纯粹的事实概念：它只包含“科学”谬误，即追求和主张科学真理的谬误、在通往真理之路上误入歧途的谬误，在此意义上作为文化概念的科学是“涉及价值的”。再如，“艺术”指的也不仅是成功的艺术作品整体，除了杰出的作品之外，它还包括最糟糕的劣品，但后者指的只是那些追求艺术（如追求美）时失败的结果。最后，法不外乎是这样一些实然事实的整体，它们的意义在于实现

正义，无论它是否实现了正义；法是具有这种意义的事物，即要去实现法理念。法的概念取向于法理念，法理念在逻辑上是法的概念的前提。

Ⅲ. 因而从法的概念可知，法：1.是一种现实，例如拥有制定法或习惯法这样的经验形态，即必须是**实证性的**；2.它作为关于其余现实之法理念的体现，进行评价、提出要求，即必须是**规范性的**；3.它作为被意欲之正义的现实化调整着人类的共同生活，即必须是**社会性的**；4.为实现被追求的正义，它必须为所有所涉之人创设平等，即必须是**一般性的**。

故而“法”也可以被定义为**调整社会生活之一般性、实证性的规范整体**。

Ⅳ. 即使是国家的意志表达，假如缺乏这些特征中的一个，也
40 只是缺乏法的性质的强权。例如，凡是法的一般性被有意否认的地方，凡是正义根本不被追求的地方，这样的命令就只能是强权，而不是法律规定。例如，只承认某**一个**政党之合法性却不承认其他社会团体之平等地位的国家，即“一党制国家”，就不是法的构造物；例如，否认某些人拥有人权的制定法就不是法律规定。在此，法与非法之间存在着鲜明的界限，但就像前文（见§10）所说的，制定法的不法与有效的法之间的界限却只是一种程度性的界限。

Ⅴ. 就像已经提及的，法的概念具有**先验**性，它无法从法律事实中通过经验归纳推导出来，而只有当这些法律事实被理解为“法律”事实时，才可能来这样做。进而，借由法的概念本身，所有为它
152 所必然包含的概念就同样也是先验性的，无法通过经验来证立，它们毋宁是各种法律经验的手段与工具，因而它们并不受某个特定

法秩序的约束，而是用以科学地理解一切时代与一切民族各自的法的必要认识论范畴。例如，法律思维不能缺少客观法与主观法（权利）的概念；进而，它不仅必须提供法条及其组成部分（构成要件和法律后果）的概念、法源的概念、合法与违法之区分，而且要提供像主观法（权利）那样的概念，如法律义务、法律关系、法律制度、法律主体和法律客体这些概念。绘出一张穷尽式地列出这类先验法律概念之图表的做法迄今尚未成功。这些例子已经清楚地表明，这些概念对于把握各个法来说是必要的，它们涉及人们能够对每种法秩序提出的有意义的问题，涉及人们能够用以来观察所有法的视角，涉及法律知识的范畴，简言之，涉及这样一些概念工具的军械库，离开它们就无法对任何一个法秩序进行法律科学上的作业。

§12　法的效力

法的效力、法的拘束力或其义务性的问题是应然的问题。由此可知，基于实在的制定法，或一般而言，基于事实是无法穷尽性地对这一问题予以回答的。

Ⅰ. 为了证立法的效力，一种法学效力学说（juristische Geltungslehre）应运而生。其任务在于不断从高位阶的法条出发来为某个（下位）法条的效力辩护；所以它将法规回溯到法律（法规是用来对法律进行详细规定的），将法律回溯到宪法（它规范着立法的方式）。但对于某个法秩序最高位阶的规范（或者，如果人们愿意，也可以称之为“基础规范”[Grundnormen]）而言，它们的效力在法学上就无法再被证明了。因而当不同规范体系——如习惯法与制定法、国家法与教会法、内国法与外国法、地方法与国际法、法与习俗等等——彼此斗争和对峙时，法学效力学说就起不到作用。在发生这类规范冲突时，它只能立基于这一个或那一个规范体系的基础之上，但却无法采取关于这两个规范体系的某种实质
153 性决定立场。因此，法学效力学说无法证立某个规范体系之最高法条的效力，因而也无法证立整个规范体系的效力。

Ⅱ. 因而人们尝试通过从法跳跃至社会事实世界，通过**社会学效力理论**（soziologische Geltungstheorien），即权力论和承认论来为实在法的效力辩护。

1. **权力论**（Machttheorie）试图从法的实施出发推导出法的效力，并非从其在每一具体情形中的实施出发（因为这意味着，例如将没有被发现的犯罪宣告为不受处罚），而是从其在通常情形中的实施出发。但实施的权力只能用来证立“必须”，却无法用来证立“应然”。

2. **承认论**（Anerkennungstheorie）无法适用于信仰犯，因为后者并不承认法。此外，它还必须做出这样的让步：要承认某个法条，就要承认其后果，从而基于逻辑一致性将实际承认等同于应当承认。如果某个法条逻辑上的必然结果必须被前后一致地承认，那么承认论就会从基于实际承认的辩护突然转向基于纯粹应当承认的辩护。

Ⅲ. 但这样一来就从社会学效力理论转变为了**哲学效力理论**（philosophische Geltungstheorien）。事实上，法的效力既无法建立在实在法条的基础上，也无法建立在像权力或承认这类事实的基础上，而只能建立在一个较高位阶或最高位阶之应然、一种超实

证之价值的基础上。即便某个实在的制定法既没有满足正义的要求，也没有满足合目的性的要求，它无论如何也至少满足了**一种**价值：法的安定性价值。当然，（正如已经说明的）法的安定性也可以用来反对实在法，即当法的安定性允许新法（存在）时，如成功的革命、自我实施良好的习惯法以及（主观法［权利］领域中的）时效取得与诉讼时效。如果人们乐于承认通过超制定法的权力关系来这样压制实在法，那么人们就会尤其顽固地反抗这种思想：同样可能用法理念来剥夺实在法的效力。但有可能令人费解的是，一种经验事实，如制定法，会借由预先建立的和谐与法价值之间达成如此一致，以至于可以从中产生一种无例外的效力，一种无例外的应 154
然。法的安定性只是诸价值中的一种。但某部不公正的制定法通过实在法来保障的法的安定性会丧失这一价值，如果它所包含的不正义达到了如此地步，以至于相对于通过实在法来保障的法的安定性已经不成比例。如果说通常情况下实在法的效力可以通过法的安定性来得以辩护的话，那么在特定例外情形中仍有可能存在极端不公正的制定法，这类制定法由于其不正义要被剥夺效力。

参考文献：Radbruch，Gesetzliches Unrecht und übergesetzliches Recht，Südd. Juristenzeitung，August 1946.

第四章　法与其他文化形式

§13　法与道德

法与道德、正义与美德之间的区分首先为托马修斯[①]所提出，继而为康德所继受。能决定道德价值的只有自身的良知，而非法秩序，这一点在实践上产生了重要后果：不得对违反法律者处以损害名誉的处罚。

Ⅰ.法与道德的根本差别在于，法将人际关系作为对象，而道德将作为个体的人作为对象。因而法律义务总是一个法律主体相对于另一个法律主体的义务。每种法律义务都与一个主观法（权利）相对；一个人之所以在法律上负有义务，正是因为另一个人享有权利。法律义务是“义务加责任”（Pflicht und Schuldigkeit），相反，道德义务则是纯粹的义务，并没有与之相对的权利人。因而法是命令-归属性的，而道德是纯命令性的（Petrazychi，Über die

---

① 克里斯蒂安·托马修斯（Christian Thomasius，1655—1728），德国法学家和哲学家，早期启蒙运动的代表，著有《自然法教科书》《神圣法学阶梯》《道德学说的践行》《理性学说的践行》等。——译者

Motive des Handelns, 1907)。

Ⅱ. 从法作为一种人类共同生活形式首先可以推知：法具有**外在性**，而道德具有**内在性**；因为人类只有借助于其外在行为才能来涉入共同生活。实际上，法同样涉及内在行为，例如当它虑及 155 诚实信用时，当它追问故意还是过失时；被理解为保护和矫正手段的刑罚指向的是犯罪人的思想和人格，而外在行动只是作为必要的符号才是不可缺少的。“**任何人不因思想受处罚**”（cogitationis poenam nemo patitur）只是“可行性”和法的安定性的一个要求，而非法律概念的结果。如果说内在行为通常只能与某个外在行为一起来证立法律后果的话，那么依然有某些情形，其中单纯的内在行为就可以自我产生这类法律后果。例如，判处青少年犯教养处分（Fürsorgeerziehung）的前提在于证明存在内在疏失（外在行为只是内在疏失的表征）。故而同样存在一种“内在的法”（就像克劳泽［Krause］学派，尤其是勒德尔［Röder］所主张的那样）。不能根据其对象，而是要根据其**关注倾向**将外在性归于法，因为法从不会因为自身的缘故去关注某个内在行为，而只是为了可能之外在行为的缘故才会去这么做。相反，道德将外在行为只作为内在思想的表达。

Ⅲ. 康德将法的义务方式建立在法的外在性思想之上，他认为只要有外在履行行为就足矣（**合法性**），只需守法而无论出于何种理由（不必然是出于对法律规范的尊重）。即便如此，这也只是出于法的安定性，而非法的本质。康德将法律领域的这种合法性与作为道德之义务方式的**道德性**相对，但一种并非出于义务感去履行义务的法秩序建立在一个非常不稳定、非常偶然的状态之上；

事实上，法秩序从未放弃过要求和提升法律态度；例如当刑罚实施试图去达到矫正的效果，或国家规定教育事业时，由此表达出的不仅是对某个法律行为的兴趣，而且也清晰表达出了某种法律态度。

Ⅳ. 最后，将外在性视为法的效力渊源，将**他治性**归于法以与道德的**自治性**相对，这么做也是不对的。一种他治的义务本身就是自相矛盾的，并非是外在规范自身能够施加义务，而是自身的良知接纳了规范才会产生这样的后果。法的他治性只是意味着，良知嗣后使得一种通过自我法则发展起来的规范集合成为自身之
156 物，正如作为良知义务的真实性取向于逻辑自我法则上的真。但这样一种规范集合的拘束力或者说效力只能以此来证立，即它已被自身的良知所接纳，已成为良知的内容。但人们必须认识到，如果自治的义务被判定为道德义务的话，那么法律义务的效力最终就要建立在个人的道德义务之上（参见 Laun，Recht und Sittlichkeit，Hamburger Rektoratsrede，1924.）。

Ⅴ. 但只有当法律命令服务于道德目的、致力于满足道德要求时，它才能成为良知义务。法的效力建立在道德的基础上，因为法的目的取向于一种道德目标。我们已经说过（§8），法尽管不能直接实现道德（因为这必然是属于自由的事），但却完全能使道德成为可能；法是道德的**可能性**，但自然同样也有**不道德**的可能性，由此在内容上与道德相区分。出于这一点，耶林主张这样一种学说：为权利（法）而斗争是一种为道德上自我主张的斗争，是为外在自由的斗争，它构成了内在道德自由的前提，因而为权利（法）而斗争是一种道德义务。

因而法（它在内容上与道德有别）与道德借由一种双重面向被

绑定在一起：道德是法的效力的理由，因为使得道德成为可能是法秩序的一个目标。

参考文献：Nef，Recht und Moral，1937.

§14　法与习俗

Ⅰ. 出于双重理由，有必要来确定习俗的概念：一方面是因为法不时指涉“善良风俗”和“交易习惯”，另一方面则是因为离开这种指涉习俗就无法引发法律后果，例如国际礼仪就无法引发国际法上的义务。

Ⅱ. 区分法与习俗要比区分法与道德来得困难。尤其是，法相对于习俗的特征并不在于法律强制，因为强制并非完全为法所独有，可被强制执行性只是法的惯常后果，而不能决定其本质。另一方面，习俗能运用有力的心理强制手段，就像协会的联合制裁 157
(Gesellschaftboykott)那样。最后，习俗的概念可以囊括大相径庭的现象。

Ⅲ. “**习惯**”(Gewohnheit)——“**惯例**”(Brauch)——“**习俗**”(Sitte)，这一序列的概念标识着通过事实因素逐步将规范性从受拘束状态中解放出来，借由道德和法(习俗本身对此表示赞扬)将习俗评价为“**恶恶**”(Unsitte)，或相反评价为“**良俗**”(gute Sitte)，这种解放的趋势越来越明显。但习俗同样要经受一种美学评价，借此民俗(Volkssitte)得以与“**美俗**”(feine Sitte)相对。属于美俗的尤其有这样一些行为方式，只要它们尚未成长为惯例和习惯，而是被有意识地创造为“惯习”(Konvention)。惯习并非民俗,而是阶层习俗(Standessitte):要么是礼俗(Anstand),也就是与农民的“笨拙”举止有别的市民习俗,要么是“礼貌”(Höfflichkeit),即宫廷礼仪(Hofsitte)。最高层次的美俗是“社交礼节”(Takt),它与礼俗及礼貌的关系就如同衡平与正义的关系;它同样只适用于具体情形,因而无法以规则的方式来把握,而只能留待直觉去判断。如果说民俗的效果是联结(不同的人),那么惯习的效果就是分离。对于后者而言具有根本意义的首先是,某人“知道什么是得体的(合乎礼仪的)”,就像人们也谈及“诀窍(实际知识)”(savoir faire)那样。故而在惯习领域,就如同在道德和法律领域一样,违反规范意识(的存在)并不会加重负担,反而是减负的。谁要是知道什么是得体的,谁就可以作为可爱的献殷勤者(甚至是优雅地)对习俗性的东西不加理会,因为拥有关于什么是得体的知识已经证明他是具有阶层习俗之圈子的一员了。当然,下层阶级努力追求去掌握各个上层阶级的阶层习俗,而后者则被迫去进一步改变和改进其阶层习俗。如果说在民俗领域“旧俗”(alte Sitte)享有优先性的话,那么在阶层习俗领域恰恰相反,是“最新风气”(neueste Mode)享有优先性。

Ⅳ. 民俗和阶层习俗间的关系与法和道德间的关系大相径庭。民俗显现出一种被超越的发展状态。在其中法和道德仍旧彼此混杂,它并非是在概念上与法和道德相并置的事物,而是在历史上先在的事物。道德和法是从民俗中发展出来的,然而因为民俗显现出对法和道德的一种含混不清的中立状态,所以它在概念上无法清晰地区分于它们。相反,惯习、高尚的阶层习俗是一种有意

的充满矛盾的续造，与法和道德一样，它也是从民俗中发展出来 158
的。在有意识的矛盾中，美俗一方面满足于外在行为，但另一方面则宣称自己具有作为内在行为之表达的意义。礼节性问候被惯习容忍为对高度尊重的表达，即便它所表达出的高度尊重事实上并不存在。故而惯习的本质在于“惯习性的谎言”，它要求且容许（人们）假装是真的一样。因而民俗与美俗无法通过清晰特征在概念上区别于法与道德，因为民俗作为中立状态先于法与道德之间的区分而存在，相反，美俗则——在法与道德已然从习俗中区分出来之后——建立在（它所同时具备的）外在性与内在性之间的有意矛盾之上。

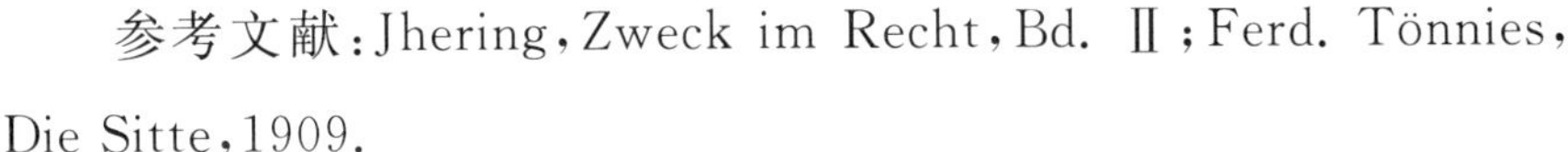

参考文献：Jhering，Zweck im Recht，Bd. Ⅱ；Ferd. Tönnies，Die Sitte，1909.

§15　法与宗教

Ⅰ. 首先要在本书所主张的价值哲学框架内来确定宗教的本质。假如说价值哲学拥有特有的评价性立场（它区分善与恶、美与丑、真与假），自然科学的特点表现为价值无涉的行为（它确定事实的同时并不顾及其价值），文化科学基于涉及价值的观察方式之上（它用其价值意义来阐明实然事实）的话，那么宗教就是超越价值的。就如同此在的自然科学持价值无涉的立场那般，彼在的宗教超越价值的观察方式超越了一切价值对象。但什么是“超越价值”？

Ⅱ. 基督教信仰被同时包含在《旧约》与《新约》的文本之中：

“上帝看见了他所作之事，而你看到一切都好”和“上帝所爱的那些人必然将一切都做到最好”。说到底，宗教最终是任何善的存在，它超越了价值与无价值、幸运与不幸，它甚至能从过错（幸运的错误[felix culpa]）中解脱出来。故而基督教信仰是超越价值与无价值的爱，是可以让阳光照耀正义与非正义的仁慈，是高于一切理性及其问题的和平。不好的东西并不真实，在一种真实存在的深层意义上，它只是虚假存在。因而一种与所有现象相对的双重立场是可能的：它在价值哲学的意义上既可能是有价值的，也可能是无
159 价值的，或者说，它既可能具有脱离对象的真实性，也可能在宗教的意义上是不真实的。

Ⅲ. 法同样受制于这样一种双重姿态：它从每一种世俗的视角看来可能都是有价值的，但同时从宗教的视角看来却可能是非本质性的（无意义的）。事实上，在基督教的视野中，法通常不具备终极本质性。

1. 福音派的观点倾向于认为法毫无价值。在“葡萄园工人的比喻”(Gleichnis von den Arbeitern im Weinberg)①中，正义的要求被一个宏大的手势推到一边。《登山宝训》(Bergpredigt)②将不正义宣告为非本质的，它要求被打者被打了一边脸后贴上另一边脸，要求被盗者被偷走了大衣后再倒贴外套。它导向了对所有价值最高的再评价：不反抗邪恶。

① 《马太福音》第20章第1—16节。——译者

② 耶稣基督的一次主要布道，包括真福八瑞与主祷文(《马太福音》，5—7)。——译者

2. 从这一观点出发，鲁道夫·佐姆[①]将教会法视为是反基督的。教会法与教会的本质不符，因为法律强制无法迫使(人们)过基督教的生活，法律形式主义无法决定永恒的神圣性。托尔斯泰[②]比佐姆更前后一贯地将这一观点从教会法延展至所有的法；人类关系可以仅由邻人之爱来确定，但法却仿佛只是侧目掠过这种内在行为(最终完全取决于此)并歪曲了基督教道德，因为它将一种虚假的固有价值加入了外在行为。如果说佐姆要求的是教会共同体的一种宗派无政府主义的话，那么托尔斯泰则一般性地要求人类社会过一种无政府主义的共同生活。但最终，比佐姆、甚至托尔斯泰更为激进的是《登山宝训》本身，因为它未曾一次承认过法具有一种反基督教之无价值的意义，而是将它视为完全不重要的，甚至不值一驳。(关于佐姆和托尔斯泰的观点可参见豪克[Hauck]即将出版的一本著作。)

3. 与此相反，路德[③]对于证立法之世俗上的必要性与宗教上的非本质性之间的一种不可解的悖论关系抱有强烈兴趣。他给予政治和法以一种暂时的自治性，特别是在教会法中看到了一种纯

① 鲁道夫·佐姆(Rudolf Sohm，1841—1917)，德国法律史学家和教会法学者，著有《〈萨利克法典〉的诉讼程序》《罗马法阶梯》《教会法》《天主教主义的本质与起源》等。——译者

② 列夫·尼古拉耶维奇·托尔斯泰(Лев Николаевич Толстой，1828—1910)，俄国著名批判现实主义作家、文学家、思想家，哲学家。创作了俄罗斯文学史上的巨著《战争与和平》(1859—1869)《安娜·卡列尼娜》(1875—1877)《复活》(1889—1899)，戏剧《黑暗的势力》(1886)。托尔斯泰是一位非暴力的基督教无政府主义。——译者

③ 马丁·路德(Martin Luther，1483—1546)，16世纪欧洲宗教改革倡导者，基督教新教路德宗创始人。他首次将《圣经》翻译成德语，著有《教理问答》《奥格斯堡信纲》等。——译者

粹的世俗之事并毫不迟疑地将之交付给领主教会权(landesherrliches Kirchenregiment)。他在宗教信仰、爱和怜悯的世界之外,还赋予法和国家的世界以自身固有的法则。这当然是一种暂时且成问题
160 的自身固有法则,如果人们以前没有生活于其中的话,那么现在人们应当生活于其中,而宗教能像火源和旋风那样在一瞬间就侵入其中。对法在终极意义上的这种相对于宗教立场的非神圣性、非本质性和微不足道性的强调,一方面在绝对领主制度的发展中扮演着关键性的角色,另一方面也使得德国人对于政治漠不关心——政治因其非本质性未曾被认为追求过终极价值。我们所有人都曾体会过,缺乏更高庄严性的法会往何处去。现在福音教会同样竭力为法提供一种宗教上的辩护,就像天主教教义(以及福音派内部的加尔文主义)从未放弃过这样做那样。

4. 根据**天主教的**观点,法虽然不属于仁慈的秩序,但却属于(上帝)创造的秩序,因而它与后者一样是上帝创设的。基督教信仰和基督教界构成了一种精神阶层和状态的层级构造,其最底一层为自然法——作为虽非完全基督教式的,但也非反基督教式的构造物——所占据。即使是实在法也拥有宗教价值的余晖,只要它与上帝所创设、通过理性来认知的自然法规范相吻合。在自然的神法(ius divinum naturale)之外尚有实在的神法(ius divinum positivum),后者是通过神启由教会制定的法(参见§20)。与《登山宝训》中法的非本质性、佐姆和托尔斯泰所认为的法的反基督教性以及路德所主张的法的不稳定的自身固有法则性相对,在天主教这一方看来法具有一种相对的本质性。

Ⅳ. 宗教通过一种法的机制突然伸入法律领域:**宽恕**(赦免,

Gnade)。支持法具有自身固有法则的代表很好地认识到了这一点。如贝卡里亚[①]和康德就将宽恕谴责为对法的自身固有法则的破坏。另一方面，人们竭力给予宽恕一种纯粹的法律意义。耶林称其为“法的安全阀”：它服务于使法相对于某个不正确判决的法律效力、使得正义相对于实在法、使得个案衡平相对于一般化的正义，同样还使得一般意义上的治国智慧相对于法发挥作用。但这样一来人们就失去了宽恕的原初意义。宽恕“拒斥任何强制”，同样也拒斥正义的强制，它不等同于渠道化的福利事业，而是有意识的非理性施舍。自然世界中的奇迹，就是法律世界中的宽恕。它 161
的意义在于提示法和正义的界限与局限性。宽恕最纯粹的意义体现在，仁慈不仅为国家，而且为国家以外的宗教职位所践行，例如一位侯爵修道院院长，她可以在押往处决的半途中救下军人。即使在今天，我们在国庆日的大赦中仍可以看到非理性宽恕的一种世俗化了的形式。

参考文献：Radbruch und Tillich, Religionsphilosophie der Kultur, 2. Aufl., 1920; Radbruch, i. d. Ztschr. “Evangelisch-Sozial”, 1927; Grewe, Gnade und Recht, 1936.

① 切萨雷·贝卡里亚(Marchese di Beccaria，1738—1794)，意大利经济学家、法理学家和刑罚改革者，刑事古典学派创始人，代表作为《论犯罪与刑罚》。——译者

第五章　诸主流法律文化

§16　罗马法

现在我们专注于对诸主流法律文化进行法哲学和理想类型上的考察，并从罗马法开始。

Ⅰ. 罗马法思维的特征主要体现为对法之自身固有法则性的强烈意识，或者像人们以批评的口吻所表述的，体现为与外行理解的“分离思维”。

法

1. 与所有其他规范类型，如习俗、道德和宗教相互孤立。在所有法秩序中，罗马法是受到宗教影响最小的。

2. 法律评价与事实认定被严格区分——想一想法律审（Verfahren in iure）与事实审（Verfahren in iudicio）的区分即可。

3. 法与其经济基础及其经济功能相隔离。没人能从罗马法中提炼出一幅关于罗马经济生活和经济思维的圆满图景。

4. 同样被区分的还有法律规范与法律生活——只有纸莎草纸学（Papyrologie）才能在罗马法之外同时告诉我们罗马法的生活。

5. 超法律的目的思想，即法哲学和法政策学同样不起决定性 162
的作用。

6. 最后，私法与公法被严格区分。由于罗马法首先是私法、因而是个人主义的法，所以它能够变成一种资本主义经济秩序的框架，即便原本资本主义的经济制度，如汇票、股票、不记名证券和商业公司都具有日耳曼法的性质。

说罗马法的分离思维相比于日耳曼法存在一种民族差异，还不如说是存在一种发展阶段的差异。在较高的发展阶段上，每一种法秩序都必然展现出分离思维（只要是出于法的安定性的考虑）。

Ⅱ. 罗马法的典型特征还在于它的决疑论式的、判例法式的形成方式。从根本上说，制定法只处于罗马法发展的开端与结尾：《十二铜表法》和《民法大全》。在这两者之间是罗马法学波澜壮阔的发展历程，它以事物本质和个案为基础。虽然是判例法，但罗马法的杰出之处在于其法律形式的简洁、在于所使用之法律概念的节省，在于将同一法律形式运用于经济上大相径庭之事实，如将同一个财产的概念运用于动产与不动产。但与这种对一般性的迫切要求相应的却是对抽象化、定义、建构和体系论的最为小心翼翼的警惕之心。相比于一般性的建构，罗马法更乐意运用已被决定的法律案件，“仿佛”当下的案件与之相同（拟制）。所谓“规则法学”（Regular-Jurisprudenz）强调的是，法不是从规则中推导出来的，反而规则是从法中推导出来的。但它一系列的法学定理都具有很大影响力，并得到了最广泛的继受，即便在英国法中也同样如此。

Ⅲ. 归纳而言：罗马法的根本法律目标不在于寻求超法律的

目的,例如福利性的目的,也不在于寻求一般化的正义,而在于寻求对个案的正确调整,即在于衡平,尤其是与**善意**(bona fides)相关的衡平。因此,罗马法自我满足于一种较低程度的法的安定性,而不像我们惯常所要求的那样。

Ⅳ.具有历史悖论色彩的是,在继受罗马法的地方,罗马法从
163 一种基于事物本质的法律科学变成了一种书本科学,而与罗马法相近的基于事物本质的法律精神恰恰在没有继受罗马法的地方占据了统治地位:在英美国家。因而罗马法在继受过程中一再受到质疑。例如,先是农民战争中起义的农民,接着是德意志统一与自由的代表(尤其是在1848年),后来是在为民法典奋斗的过程中,最后是国家社会主义,都对此表示过质疑。与罗马法作斗争的日耳曼主义者没有看到,一方面,德意志特殊法背后的罗马法建立起了一种共同法的民族统一性;另一方面,这种继受仅仅是可能的,因为罗马法几乎抛开任何民族的特性,成为了万民法(ius gentium)。更让人难以理解的是,当时在(德意志国家)统一的代表外尚有自由的代表,在民族主义者之外尚有自由主义者,都对罗马法表示反感,虽然罗马法恰恰主要是个人主义和私法导向的。这一矛盾的根源在于并没有被完全继受的公法,遭受谴责的正是这种与拜占庭专制主义联系在一起的公法。与其说自由主义的反抗针对的是罗马法本身,还不如说针对的是复古式的寂静主义——后者当时的代表是历史法学与贫瘠的实证主义(它们最终汇入这种寂静主义),针对的是实际上对一种纯粹罗马法的无历史回归、对受时间限制的适应性尝试的排斥(所谓“**学说汇纂的现代运用**”)以及对适时的法律改革和法典化的拒绝。总而言之,对罗

马法的批评不适用于古代的罗马法学，而适用于拜占庭式的书本法，这是通过我们的继受产生的。

参考文献：Fritz Schultz, Die Prinzipien des römischen Rechts, 1934.

§17　英美法

Ⅰ．英国没有继受罗马法，尽管早在注释法学时期牛津大学就已经开始教授罗马法了。英国的法律人阶层——他们受专业训练要比其他地方早，且形成了一个自我封闭的阶层——是反对继受的主要力量，他们也的确成功地阻碍了这种继受，因为他们没有将培养法律新生代的任务留给大学，而是将它掌握在了自己手里。
这并不意味着罗马法在英国就毫无影响；被拒绝是对具体罗马法 164
条文的接纳，而非罗马精神的涌入。梅兰希通[①]关于罗马法的颂词早已证明了它对于英国方法论的这种影响：“欧洲有一些民族，它们并不根据罗马法，而是根据本土的制定法来裁判法律事实。尽管如此，那些国家中领导国务活动的人通常都会在国外学习罗马法，并习惯于这样来回答这个问题——为什么他们要付出这样的智识努力，既然他们并不会用到我们的制定法：因为他们从罗马法中获得了关于衡平的权力与本质，因而他们能对他们祖国的制

① 菲利普·梅兰希通（Philipp Melanchthon，1497—1560），德国语文学家、哲学家、神学家、人文主义者，与马丁·路德一起推动了德国和欧洲的宗教改革运动。——译者

定法拥有更正确的判断。”梅兰希通在这里正确地看到了罗马法对于(作为对普通法之修正的)衡平的影响。

Ⅱ. 英国普通法与罗马法一样是**判例法**(Fall-Recht),其来自于事物本质的塑造。在英国法中,制定法(成文法)同样扮演着有限的角色,即具体法领域的部分规整。不同于欧洲大陆,英国立法并不意图将全部法都作为法典化的对象。如同罗马法,英国法也是一种法官法。英国法官首先会援引习惯法,即所谓的英国共同法(与地方习惯相对)——因而得名“普通法”。事实上他们并不是在用什么习惯法,也不是在用以司法惯例的形式存在的习惯法,而是在通过具体的先例创造新的、对于同类案件具有拘束力的法。

Ⅲ. 英国法是英国法律人阶层的作品。通过四大律师会馆(Inns of court)的形式,这一法律人阶层包括了法学者、高级法律顾问、出庭律师(他们保留了出庭应诉的权力——与此相对的是非诉律师,他们的主要工作在于与当事人沟通,为诉讼做准备)的全体。法官和上议院大法官都来自这些律师。法的固有规律性即“法治”也寄生于这一法律人阶层,它比在其他地方都要来得更有力。孟德斯鸠相信,他的权力分立学说可以从英国法律生活中抽象而来。在他看来,法官只需适用制定法即可,为此他所需要的不外乎是用来读(制定法)的“眼睛”,而法的制定权则完全被保留给了议会。实际上,英国法官的工作只有很小一部分是在运用制定
165 法,相反,他们主要是在运用他们通过自由法律创造来补充和续造的司法先例,而议会针对普通法只会明智而有保留地去运用其立法权。相较于孟德斯鸠的权力分立学说(它将法的续造任务完全指派给议会),法的固有规律性与法治借由议会的这种有意保留和

法律人阶层的自治获得了可靠得多的保障。

Ⅳ. 当普通法越来越僵化为一种“严格法”(ius strictum)后，就出现了对其进行修正的即一种衡平法(Equity)的需要，后者致力于实现个案正义。与罗马裁判官的“公平之诉”(actiones ex aequo et bono，或译为“公允善良之诉”)相应，英国上议院大法官会通过赋予救济权，即所谓的“令状”(Writs)来弥补普通法的僵硬。这种衡平法在产生之初是一种与声名狼藉的**星座法院**之刑事内阁司法(Kabinettsjustiz)相并行的内阁司法。上议院大法官是最高级别的皇家官员，最开始是牧师，后来是法学家，但越往后来越成为独立的法官。其衡平司法的渊源是他自身经过罗马法和教会衡平法训练的良知。最开始时，衡平裁判并非是对其他案件起决定作用的先例，这是与衡平作为个案正义的性质相符的。只是从 19 世纪初开始，衡平裁判才贯彻了先例的意义。故而衡平法在普通法之外成为了另一类型的判例法。经过 1873 年的司法改革，衡平法院与普通法法院被糅合成了统一的司法组织，但直到今天依然保留了衡平法与普通法这种二分的体系性描述。

Ⅴ. 英国判例法的本质在于从事物本质和个案出发。法的发现必须经受个案之实践运用的检验与回答。立法者在创制其规范时尽管也会从想象某些法律案件出发，但它们只是偶然被想到的法律案件而非真实的法律案件，缺乏紧急情形带来的即时性压力。欧洲大陆的观察者大多会强调判例法的柔韧性，相反，英国法律人则会强调它的僵硬性。事实上，英国法律人阶层在这一点上要比欧陆法律人阶层更具创造性，但英国法官个人要比欧陆法官更多
地受到先例的巨大负担的拘束。英国的观察者不仅赞誉其法律的 166

柔韧性，也赞誉判例法的僵硬性所带来的法的安定性。但数不胜数的先例对于英国法，尤其是对美国法而言也助长了这样的危险：尽管对于本土的判例法十分自豪，但偶尔也会有希望要求制定法典或借助其他立法手段的声音发出。

Ⅵ. 在今天的美国，制定法已经扮演着比在英国更大的角色。在各个州都存在刑法典和诉讼条例，部分州还有民法典。但即使是在这些制定法的土壤上依然维系着判例法，它经常将对制定法十分骄横的解释变为先例。相反，宪法，尤其是合众国宪法则享有十分巨大、近乎宗教般的尊重。合众国宪法的守护者是位于华盛顿的最高法院，它可以说是这个星球上最有权势的法院。它的判决散播着宪法的精神力量，但同样也包括对宪法的缓慢改造。在这些判决中也渗透着披着法袍的政治家精神。一批著名的大法官通过最高法院获得了世界性的声誉，例如当时那位伟大的美国法律人：奥利弗·温德尔·霍姆斯。

参考文献：Radbruch，Geist des englischen Rechts，2.Auflage 1947；Radbruch，O.W.Holme，Südd. Juristen-Ztg. 1946.

§18 《法国民法典》

Ⅰ. 从 1804 年至 1810 年间，在拿破仑的推动与参与下诞生了五部伟大的立法作品：民法典、民事诉讼法典、商法典、刑事诉讼法典、刑法。《法国民法典》（诞生于 1804 年，从 1807 年开始被称为《拿破仑民法典》）与英国法展开了世界支配权的竞争，同样对其他国家的立法者影响匪浅，例如德国巴登地区就几乎逐字逐句照搬了《法国民法典》(1809 年)。它最根本的任务在于在法国建立法的统一性，因为此前在法国北部生效的是习惯法，相反，在南部生效的是罗马法，除这两者外尚有皇室训令。《法国民法典》更宽泛的任务在于通过制定法来确认法国大革命的政治果实。

Ⅱ. 在《法国民法典》中可以找到拿破仑个人影响的踪迹，尤其是他所塑造的家长制色彩浓厚的亲属法。但从法律的角度而言，对这部作品打下深刻烙印的是伟大的法学家波塔利斯[①]。

Ⅲ. 首先要强调的是《法国民法典》的语言风格。据说著名的 167
法国小说家司汤达每天早上都要先读一遍民法典，以便为创作作品找到正确的基调。《法国民法典》并非是决疑论式的，但它也不受这种幻象的支配，即通过高度的抽象性事先就能决定一切可被想象到的法律问题。它有意放弃了无漏洞性和圆满性的主张；波塔利斯本人曾说："知道人们无法预见一切本身就意味着明智的预见性"。尽管如此，《法国民法典》第 4 条通过对拒绝裁判施加刑罚来要求法官对每一个带到他面前的法律案件都做出裁判，并禁止他将制定法对于这一案件无明文规定或规定不足作为借口。与孟德斯鸠的观点——他将法官仅看作是自动的和无灵魂的司法工具而已，法官作裁判时(用波塔利斯的话来说)就仿佛立法者是上帝，而自己从未是人类一般——相对，民法典考虑到了司法创新的可能。但与在英国不同，在法国司法裁判仅仅具有个案的法律效力，

① 让・蒂安纳・玛丽・波塔利斯(Jean Etienne Marie Portalis，1746—1807)，法国 19 世纪最伟大的法学家、法国《拿破仑民法典》之父。——译者

对于未来案件则不具有制定法的效力。事实上，“判例”(Jurisprudence)[①]具有很大的权威性，即便不具有法律上的拘束力。

Ⅳ.《法国民法典》的政治倾向反映的是法国大革命与市民阶级相对于等级特权的胜利：个人自由、法律面前人人平等、财产和契约自由、国家相对于教会的独立性。除了亲属法这一例外，民法典充斥着个人主义的精神。相比于《人权宣言》，这些倾向在《法国民法典》中得到了更坚实的确保，它不仅在宣言中表述了它们，而且将它们作为不证自明的组成部分交织进了市民生活之中。因此，拿破仑十分重视这些价值，以至于将他的法典引入了莱茵同盟。1807 年 11 月 15 日，他写信给他的兄弟、威斯特法伦王国国王杰罗姆(Jérome)：“《拿破仑民法典》的善举、公开的司法程序、对陪审法院的引入一样是您的王国的独特差异所在。如果要我告诉您我的全部想法，那么我认为您王位的扩张和巩固更多应归功于同一种效果，而非最伟大的胜利的后果。您的人民必然会为自由、
168 平等和富裕而欢欣鼓舞，对于这些德意志人民却是闻所未闻的。而这种自由统治必然以这种或那种方式为联盟的体系及其王国的权力带来有益的改变。”事实上，《法国民法典》在巴登地区以及莱茵河左岸的德意志地区没几年就赢得了如此大的好感与权威，以至于即使在法国统治的时代结束之后，它仍继续(也自我宣称)有

① “Jurisprudence”在我们的语言中意味着“法学”，在法国意味着通过司法裁判确定下来的法，在英国则意味着最高和最一般性层级的法学(我们称之为“一般法学说”[Allgemeine Rechtslehre])。——译者

效，直至《德国民法典》取代它为止。

参考文献：Kantorowicz, Aus der Vorgeschichte der Freirechtslehre, 1925; Feuerbach, Biograph. Nachlaß, 1853, Bd. Ⅰ, S. 162ff.; Federer, Geschichte des badischen Landrechts, Ungedruckte Freiburger Diss., 1947.

§19　《德国民法典》

Ⅰ. 如果说《法国民法典》透射出拿破仑的个人面貌的话，那么在我们的民法典中去寻找某个立法者的个人面貌则是徒劳的。《德国民法典》遵照了萨维尼[①]的话：伟大的法学家都是可替代的人。而为了实质上的普遍有效性，它通过出色的努力将所有的个人特征都抹去了。《德国民法典》是对市民时代晚期不证自明之法律观念的法典化，而不像《法国民法典》那样是大革命斗争的结果。如果说刑法课总是以关于刑罚之基础与目的的理论开始的话，那么关于《德国民法典》的课程尽管以民法基本原则（财产自由、契约自由、遗嘱自由、一夫一妻和继承权）为开端，但它们是如此不证自明，以至于压根就不需要特别地加以讨论。

Ⅱ. 《德国民法典》是在命运之年 1878 年之后才诞生的。这

① 弗里德里希·卡尔·冯·萨维尼（Friedrich Carl von Savigny，1779—1861），德国历史上最伟大的法学家之一，普鲁士国王弗里德里希·威廉四世的立法部长，历史法学派的奠基人。著有《当代罗马法体系》（八卷本）、《中世纪罗马法史》《论立法与法学的当代使命》等。——译者

一年是柏林国会的开端之年，外交政策上与俄罗斯逐渐解套而与奥地利的联系日益加强，同时在内政上从自由贸易过渡到关税保护。这一年俾斯麦解决了帝国党和民主自由党的问题，文化抗争瓦解了，发生了向保守主义的转向和针对社会民主主义的斗争，这种斗争在消极方面受到《社会党人法》(全称《防止社会民主党进行普遍危害活动法》)的引导，在积极方面则受到随即开始的(天主教民主主义和社会政策团体意义上的)社会立法的引导。但《德国民法典》并没能及时从极端个人主义转向社会之法，虽然基尔克[①]从超个人主义的日耳曼法层面，而安东·门格尔[②]为了无产阶级的
169 利益对民法典草案进行过激烈的批判。这些批判只是导致在少数几点上引入了社会法的规定(例如《德国民法典》第226、618条)。

Ⅲ.《德国民法典》使用的**语言**是一种与通俗易懂相去甚远的专业语言，是纯粹命令式的绝对连贯的语言：冷静而无情感、简洁而无教义、节俭而无论证(参见下文§29)。《德国民法典》的语言同时也反映出了它的**方法**。它通过广泛的抽象化追求尽可能的无漏洞性，从而偏向于“概念法学”，即逻辑主义的法律方法；但它恰恰在关键的地方使用了像“诚实信用”和“善良风俗”这类一般条款，这类条款最终指示法官去依赖个人的价值判断(《德国民法典》

① 奥托·冯·基尔克(Ota von Gierke,1841—1921)，德国法学家、法史学家与政治家，历史法学派日耳曼法分支的代表之一，以研究合作社法而闻名，“社会法”“真实社团人格”等概念的提出者，著有《德国合作社法》(四卷本)、《德国私法》(三卷本)、《自然法与德国法》等。——译者

② 安东·门格尔(Anton Menger,1841—1906)，奥地利法学家、社会理论家，以法学的背景宣传社会主义思想。著有《比较法视野中的奥地利民事诉讼法》《民法与无产阶级》《法学的社会任务》等。——译者

第138、157、242、826条)。《德国民法典》在语言和方法方面为《瑞士民法典》(欧根·胡贝尔[①])所仿效。《德国民法典》构成了一个如此紧密结合的体系,以至于社会法和经济法思想即使在后来也无法插入其中。《青少年保护法》《劳动法》《经济法》《承租人保护法》毋宁是在《德国民法典》之外作为特别法发展起来的。由于其具有个人主义的特性,纳粹曾宣告"告别《德国民法典》"。然而,与具有威胁性和片面性的社会法相对,如今人们又特别强调私法的重建了(参见Hallstein,SJZ,1946,1)。

V.恰恰因为未言明政治特性,未强调民族特征以及高度的抽象性,使得《德国民法典》能够在文化关系迥异的东亚作为法被继受。当时的一位德国法学家不久前写信给韩国(民法典的)起草人道:"基于以下理由,我的工作是令人着迷的。韩国于35年前被日本吞并之后就一直处于日本法的统治之下。而日本或多或少继受了德国法。我是美国在韩国的占领区官员——在我面前的写字台上经常铺满我十分熟悉的本斯海默式(Bensheimer'schen)的制定法文本:《德国民法典》《德国商法典》《德国民事诉讼法典》及其子法,并担任朝鲜人与美国人之间的法律联络官。因为我在两大法系,即民法法系与普通法法系都受过教育,因而分派给我的任务是向美国人说明韩国的(这也就意味着:德国的)本土法。当然,只有做出相当大的限定后,才能将德国法与日本-韩国法相等同。这些伟大的法典经常要适应东亚的需要,亲属法和继承法在韩国依然

① 欧根·胡贝尔(Eugen Huber,1849—1923),瑞士著名民法学家、政治家,瑞士民法典的起草者,著有四卷本的《瑞士私法的体系和历史》。——译者

170 是习惯法并曾被细致地研究，显然从未有过这样的观念：要对德国法在东亚的继受过程进行科学研究。从法社会学的立场来看，这可能是一项有趣的任务！”

参考文献：参见佐姆的一篇被不当遗忘但很经典的对德国民法典予以阐释的论文，载于如下论文集：Hinneberg，Kultur der Gegenwart，Bd. Systemat. Rechtswissenschaft，2. Aufl.，1913.

§20　教会法典

直到今天，法学博士仍被称为“双法博士”（doctor utriusque iuris，简写为“J.U.D.”），即罗马法与教会法博士，它一方面在《民法大全》，另一方面在《教会法大全》中获得其形式。

Ⅰ. 依照天主教法哲学，存在三种法的渊源：1.实在的人法（ius humanum positivum），即人类制定的世俗法；2.自然的神法（ius divinum naturale），即为神所创、能通过理性加以认知的法；3.实在的神法（ius divinum positivum），即神启之法和教会信仰之法（Matth. 16，18：你是伯多禄（磐石），在这磐石上我要建立我的教会）。这种渊源学说带来的后果是，教会法并不拥有世俗法所有的固有内在法则，而毋宁是将教会伦理与教会纪律紧密结合的教义。

Ⅱ. 教会法起初是教会针对俗世的法：作为教会法，它广泛介入了今天只有俗世才调整的情形。在后续发展的过程中，教会法不断将调整领域让给世俗法，而从根本上只剩下仅针对教会的教会法。在这一发展阶段中，国家还主张自行调整自己与教会的关系，创设针对教会的国家法，即国家教会法。另外，也存在一种教会国际法：教皇是主权者，是国际法的主体，与国家拥有同等的法律地位并与之交往，拥有派遣公使权与国际法上的缔约权。

Ⅲ. 后来一种现代的法典取代了《教会法大全》的地位：即《教会法典》(c.i.c.)。领导《教会法典》立法工作的是教皇庇护十世(Papst Pius Ⅹ.)(1904 年)，而在教皇本尼迪克特十五世(Papst Benedikt ⅩⅤ.)在位期间，这部法典开始生效(1917 年)。这部法典的主要学术成就应当归功于当时的红衣主教国务秘书皮特罗·加斯帕里(Pietro Gasparri)。

Ⅳ.《教会法典》的规模大约与《德国民法典》相当，并依据《法 171
学阶梯》的体例——人、物、诉讼——划分。此外还包括一个总论部分和作为结束的关于教会刑罚的一卷，因而共有五卷。《教会法典》的立法技术堪与当代那些法典相比肩，它是以拉丁语来表述的(典雅精致的拉丁文也被用在神圣的宗教法典的编纂上，正如它是罗马法的载体一样)。

Ⅴ.《教会法典》的精神是在命运之年 1870 年被确定的。这一年一方面是诞生了梵蒂冈宗教会议以及一贯正确教条(Unfehlbarkeitsdogma)，另一方面则是意大利吞并了教会国。因而《教会法典》是在用"精神力量去替代物质方面失去的东西"，这一方面意味着它越来越退缩至纯粹宗教的领地，另一方面则意味着强化了教皇的最高权力。尽管具有绝对主义的等级制，教会仍可以在民众中维系深层的根基，因为它可以从所有民众阶层，尤其是农民中招募教会人士。

Ⅵ. 以梵蒂冈城的形式重建教会国同样是加斯帕里的杰作。

这个袖珍国没有形成真实的权力基础，而只是构成了国际法上交往的一种技术手段。如同以前一样，圣座（Heiliger Stuhl）的主权基于教皇的精神权力之上。这不应被视为是国际法上的异常现象，而应被视为充满希望的未来国际法新秩序的出发点，也同样构成了其他精神权力之国际法主权的典范。

参考文献：Ulrich Stutz，Der Geist des codex iuris canonici，1918；Sohm，Kirschengeschichte im Grundriß，17. Aufl.，1911；Gerechtigkeit schafft Frieden，Papst Pius Ⅻ.；Joseph Klein.

第六章　法的类型

§21　主观法与客观法

Ⅰ.依照主流观点，客观法具有命令的性质：人们将其视为命令与禁止、规定性规范（Bestimmungsnorm）与义务规范的总和。这种观点尤以**宾丁**[1]**的规范理论**为基础。这一理论的实践后果是违法意识对构成刑法上不法的必要性。但命令说尤其无法说明两 172
个现象：

1.它无法说明民法中应对损害赔偿负责之不法行为的法律性质。在民事上，重大的不法并非是有过错的违法行为本身，而是一种不法的状态，它并不仅由有过错的违法行为、侵权行为所引发，而同样也可能由其他情节（这些情节从未曾具有行为的性质）所引发，例如动物饲养人、铁路、汽车所有人责任的情形。不当得利同样是民法上不法的一种形式，尽管这一状态既不需要由过错，

---

① 卡尔·洛伦茨·宾丁（Karl Lorenz Binding，1841—1920），德国刑法学家，规范刑法学的代表，著有《规范及其逾越》《德国共同刑法教科书》《德国刑法中的罪责》等。——译者

也不需要由行为来引发。但这类客观的不法状态并不被认为是对规定性规范与归责规范(Verschuldungsnorm)的违背。

2. 对于规范理论而言,同样的困难也出现于合法行为的情形中:这类行为未必需要一定是一种有意合乎义务的行为,无论出于何种动机它都可以维系其合法的性质。

事实上,规定性规范与归责规范只是客观法的次级规范。相反,客观法的首要形式或者说法的原初形式是价值规范(Wertnorm),借此一种特定的状态或特定的行为就被标识为反社会的或者为社会所希望的。立基于这一首要形式的规定性规范只是实现目的的手段,是次要的后果性现象。但不法的观念并非取向于规定性规范,而是取向于价值规范,所以不能被理解为不服从命令(它在概念上必然包含不法的意识),而只要存在采取反社会行为这一意识就足矣。

3. 最后,仅仅从规定性规范出发无法构造出法秩序。因为规定性规范虽然能产生义务——它本身服务于对利益的保护,从而将法益(Rechtsgut)理解为受法律保护的利益,但借助于规定性规范无法来证立主观法(权利)的概念,后者比法益的概念来得要窄:主观法(权利)意味着对法益保护的自我主张和启动。在此意义上,主观法(权利)只能用一种其他类型的规范来证立:授权规范(Ermächtigungsnorm)。在证立法律义务、保护法益的规定性规
173 范之外,仍有必要存在授权规范,只有它们才能将法益彻底转变为主观法(权利)。立法者究竟是通过规定性规范抑或是授权规范来实现某个价值规范,这取决于他关于人类的观念(参见§33)。如果他考虑到,个人的利益存在于个人所希望实现的法律方式之中,

那么他就会通过授权规范来赋予权利；相反，如果他的目标与个人的自利主义相抵触，那么他就会使用规定性规范来强加义务。

Ⅱ.主观法（权利）的本质在于“法所保障的意志力”（温德沙伊德[①]），它的目的在于“法所保护的利益”（耶林）。依照耶林“为权利而斗争”的学说，捍卫主观法（权利）属于道德义务，因为主观法（权利）同时是为客观法辩护的；同时，为权利而斗争也意味着道德上的自我主张，为满足道德义务之可能性而斗争。对于耶林的观点我们可以反对道：为权利而斗争经常只是在为臆想的权利而斗争，因而并不必然服务于客观法，而在“善法”的价值之外尚有“友爱和平”的价值，后者至少在细琐之事中拥有优先性。相反，在亲属法和公法中清晰显露出了主观法（权利）的义务性。亲权是在合乎义务之实施的前提下赋予父母的权利的总和。而“选举权就是选举义务”这句格言让我们认识到，公法权利至少有可能内含着道德义务。最后，社会法的思想也意味着对于不仅在道德上，而且在法律上获得保障的私法义务内涵的进一步强调。魏玛宪法所包含的“财产义务”这一基本原则，就是当时正在形成中的社会法将所有权人的这种道德义务改造为一种法律义务的例证。

Ⅲ.1.我们可以区分出不同的主观法（权利）的类型：物权和人格权、债权，或者广义上的绝对权与相对权。物权针对所有人和每个人来运用，只要它未被侵犯针对的就是所有人，一旦它被侵犯

---

① 伯恩哈德·温德沙伊德（Berhard Windscheid，1817—1892），德国著名民法学者，潘德克顿学派的晚期代表，《德国民法典》的精神之父，著有《学说汇纂教科书》等。——译者

针对的则是每个侵犯它的人。债权从一开始就是针对某个特定之人来运用的。物权是自行实施的权利，而债权是针对他人实施的权利。前者保障持续的享有，而后者一旦被满足就消失了。最初
174 物权是目标，而债权只是一种实现物权的手段。只要某个法秩序维系物权的这种目的性质和债权的这种手段性质，这一法秩序就是静态的。例如前资本主义的法律状态就是如此。居住权和劳动权以物权，即房屋所有制的居住权、手工业者对其手工作品所有制的经济权以及地主对于其劳动力的农奴制经济权为基础。债权只起到实现享有物权这一意义上的辅助作用，并将顾客与生产者直接相连，而不是通过居间贸易彼此联结为债权的一个长链条。由于信用经济和资本主义的发展，债权从单纯的经济手段演变为了经济的目的：经济状态和资本投资不再体现为物权，而体现为债权，如股票、有价证券、银行账户等等。物权与物权之间的债权链条通过居间贸易变得越来越长。人们不再住在自己的房屋之中而是租房住，人们不再利用自己的生产资料来工作而是通过雇佣合同。如此这般基于债权的法秩序不再是静态的，它变成了一种晃荡不安、动摇不定和动态的秩序。

2. 可以进一步区分出私权与公权，并将后者继续区分为市民权与公民权。市民权部分是相对于国家的自由权，比如所谓的人权，部分是国家的给付权，如获得法律保护、福利救济等的权利。公民权是国家中的共同决定权，主要是积极选举权与消极选举权。为了能成为这类主观法（权利）和义务的受众或享有者，国家自身也必须具备法律主体的性质，也就是在法律交往中与公民居于同等地位，在刑事诉讼和行政诉讼中也成为与私人当事人相对立的

一方当事人(参见§22)。

Ⅳ. 主观法(权利)以"人"(Person)的概念为前提。某人成为"人"就意味着承认他本身就是目的。人本身就是目的,全部法秩序都服务于人。对于人类(Menschen)而言,"人"的法律属性是通过法律承认其"权利能力"(Rechtsfähigkeit)来赋予的,而因未获这种承认,奴隶就不具有这种法律属性(只要存在奴隶制)。在此意义上,即使人类也非"自然存在的人(自然人)",而是"法律上的人(法人)"。

狭义上"法人"之现实性问题要被理解为这样一个问题:在法 175
人的背后是否存在任何一种前法律的实在,就像在自然人的背后存在着具体的人类那样。这一问题为所谓的拟制论(Finktionstheorie)所否认,它认为在法人的背后存在的只是其众多成员(萨维尼)或者一种主观目的能力(布林兹[1])而已。

相反,"社团真实人格"(reale Verbandsperson)说(基尔克)是一种超个人主义的有机体学说。它是一种构造自人的群体的实质统一体。但我们无法证明在所有法人的背后都存在着这种真实的社团人格,如对于经济企业、股份有限公司而言就是如此。事实上,这个问题涉及的并不是,在法人的背后是否存在某种实体性的现实,而是法人是否拥有某种独立的法律目的。与法目的的三种理论相应,我们可以发现个人主义、超个人主义和超人格的目的铸造了三种形式的有权利能力之人:单个的人(Einzelmensch)、团体(Körperschaft)、基金会或专门机构(Stiftung oder Anstalt)。

[1] 阿洛伊斯·冯·布林兹(Alois von Brinz,1820—1887),德国法学家、高校教育家和政治家,著有《论赔偿学说》《潘德克顿教科书》等。——译者

§22 公法与私法

Ⅰ. 公法与私法之间的区分具有先验性。但先验性并不意味着人们在所有时代都能意识到这种区分。中世纪就不做这种区分，也不认为在每种法秩序中都必然存在公法与私法。激进的社会主义国家只会承认公法，而无政府的社会只承认私法。此外，先验性也不意味着公法与私法之间的界限永远不变，更不意味着具体法律领域可以清晰地被归入它们中的一个。先验性毋宁只是意味着：对每个法条都可以提出这样一个有意义的问题，即它究竟是属于公法还是属于私法。

Ⅱ. 罗马人依据目的来区分公法与私法的概念：公法是关系到罗马人事务之状况的法，而私法是关于个人利益的法。今天人们则是根据结构进行区分的，即私法是平等主体之间的法（协作法[Koordinationsrecht]），而公法是不平等主体，即居于上位的主体与居于下位的主体之间的法。

176 Ⅲ. 从公法与私法不同的优先关系出发可以获得法的不同类型。要么公法被视为一种围绕（作为所有法之“心室”的）私法铺设的薄弱的保护性框架，要么相反，私法只是被视为位于永恒增长的公法之内的一种不断萎缩和暂时被余留的个人自治空间。具体的发展过程是这样的：

1. 在中世纪封建国家和近代早期的等级制国家，公法与私法并不分离，也不区分。今天我们归于公法的许多领域在当时都受到私法的调整，例如服兵役的基础在于采邑契约（Lehnsvertrag），纳税义务的基础在于 Bede①，即王侯向各阶层的请求。相反，例如当劳动关系基于世代依附性时，私法就会得到公法上的强化。

2. 罗马法的继受使得公法与私法被严格地区分和分离开来。在极端主义国家，通过王侯对于各阶层之主权的稳固化，公法从半私法的束缚中解放出来。继而在法治国家，私法从公法的绝对包围中挣脱出来：自由主义意味着为私法的优先地位而斗争。从法国大革命开始，君主制的合法性基础来自于民众的委任，而财产权被提升为一种永恒不得侵犯的权利：专制的资本登上了专制的统治者让出的宝座。私法的优先性在社会契约论中找到了它的思想表达，这种理论不外乎意味着用私法的方式来证立全部公法的尝试。无政府主义试图将自由主义在契约论中假定的状态转变为现实，即建立一种没有权威、仅通过契约（即通过私法）来调整的共同生活。但自由主义同样意识到，在实践中公法同样充斥着私法的精神。“国有资产”（Fiskus）的概念已然说明，国家作为财产法上的法律主体必须与个人站在相同的水平线上。当国家在发挥其公法功能之际被理解为法律主体和（国家）人格体，并由此才使得这样的法律思想——个人相对于国家、国家相对于个人都拥有主观公法权利——成为可能时，同样也体现了公法中的私法思维。国
家在刑事诉讼和行政诉讼中放下身段，作为诉讼参与人与私人处 177
于同等地位，同样体现了这种思维。最后，公法契约同样意味着将私法范畴运用于公法。

3. 目前已显现出公法与私法间关系的第二个时期：社会法的

① 此为低地德语，或可译为“直接财产税请求权”。——译者

时代。尽管私法与公法之间的区分得以维系，但在它们的分离之处出现了新的法律领域，即劳动法与经济法，它们整体上既不能归于公法也不能归于私法，毋宁是公法条文与私法条文的混合物（参见§33）。

§23 实体法与形式法

实体法与形式法的区分同样具有先验性。没有任何法秩序能放弃，通过形式法——无论是自力救济抑或是诉讼——来实现实体性的法条。当然，人们并非一直彻底地去贯彻这种形式性的区分。诉讼，尤其是强制执行正是权力和私权实现的最直观的表现形式。只有通过强制执行才能看清法可强制的内容，而破产程序曾被人们正确地称为“物上试金石”。故而罗马法将法理解为诉讼程式（Klagformeln）的体系。依照这种观念，实体法并非由生活规范，而毋宁是由裁判规范组成的。

只有晚近的法律思维才严格贯彻了实体法与诉讼之间的区分。现在实体法条文不再被视为纯粹的裁判规范，而被视为生活规范了。而诉讼被理解为实体法律关系之外的特别法律关系，不再被理解为服务于实体法的一种多用途设备，毋宁被视为独立规范的整体。故而诉讼法律关系可以与实体法律关系之外的其他前提条件相联结：实体法律关系在刑事诉讼中横跨罪责与刑罚，相反，程序法律关系则横跨（犯罪）嫌疑与判决。并非是罪责可以引发刑事诉讼——因为必须要由刑事诉讼来决定是否有罪责，而是如果通过诉讼可以消除嫌疑并必然可以宣告无罪，那么只要有犯罪

嫌疑并基于这种嫌疑来引发诉讼就仍是合理的。另一方面，对一个无辜者判处刑罚尽管是错判，但如果它获得了既判力，就仍是程序上具有法律效力的行为：因为法的安定性要求，在每一法律纠纷中都做出一次性的决断，即便这种决断是不正确的。但诉讼的独特意义在回答这一问题时对实体法的抵牾尤其激烈：辩护人是否可以为他知道有罪者作无罪辩护。如果律师为实际上有罪，但程序上未被定罪者作无罪辩护，那么他就终归还是法的维护者——虽然不是实体法的维护者，但还是程序法的维护者。但这种独特的程序思维并非只是后来过于精细之区分技术的结果。阿尔伯特·史怀哲[①]在其著作《行走在非洲森林》(Zwischen Wasser und Urwald)[②]中直观地描述了原住民是如何感到只有当他们真的被定罪时施加刑罚才是公正的，实际有罪者又是如何对于在没有充分证据证明有罪的情况下被判有罪而感到愤怒的。 178

① 阿尔伯特·史怀哲(Albert Schweitzer，1875—1965)，20世纪德国著名学者以及人道主义者，具备哲学、医学、神学、音乐四种不同领域的才华，提出了“敬畏生命”的伦理学思想。1913年于非洲加蓬建立丛林诊所，从事医疗援助工作直到去世。他于1952年获得诺贝尔和平奖，被誉为“非洲圣人”。——译者

② 中译本参见〔德〕阿尔伯特·史怀哲：《行走在非洲森林》，罗玲译，外语教学与研究出版社2016年版。——译者

第七章　法律科学的思潮

§24　法律科学的时代

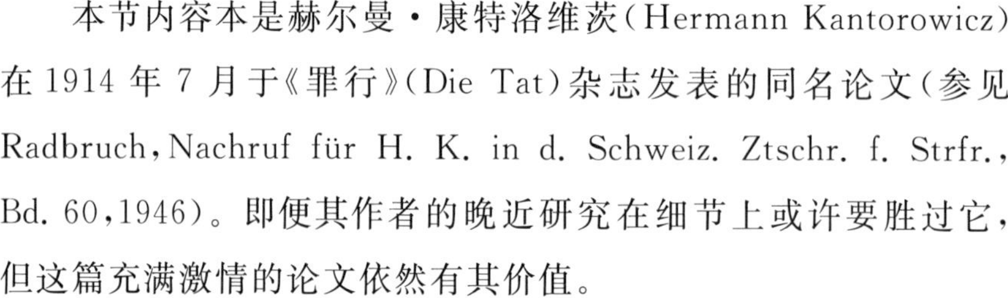

本节内容本是赫尔曼·康特洛维茨(Hermann Kantorowicz)在1914年7月于《罪行》(Die Tat)杂志发表的同名论文(参见Radbruch, Nachruf für H. K. in d. Schweiz. Ztschr. f. Strfr., Bd. 60, 1946)。即便其作者的晚近研究在细节上或许要胜过它，但这篇充满激情的论文依然有其价值。

如果我们对法律科学的历史变迁作一总结性的历史概览的话，就会马上发现，在同一种对立的不断变化的形式与名称的背后总是可以找到一种新的对立：形式主义(Formalismus)与目的论(Finalismus)之间的对立……

法律科学中的**形式主义**倾向的出发点在于一个被表述出来的法条，多数情况下是一个制定法文本；它追问的是："我该如何解释这个文本，从而与从前表述这个文本之人的意思相符？"继而，它要从概念与条文的封闭体系中提炼出这种意思(就好像这是纯粹的
179 逻辑作业)，因为从这种体系中必然会获得每个或现实或假想之法律问题的决定。

目的论倾向的出发点（无论它是否知晓这一点）不在于书本，而在于“意义”和现实，在于被认为充满价值的社会、精神、伦理生活的目的与需要；它追问的是：“我该如何来实施和塑造法，以便满足这些生活的价值？”根据这一目的，它消除了对于死板的法的不可胜数的怀疑，也填补了它不可胜数的漏洞。前一种思潮去某种既定的公式那里寻求意义，而后一种思潮去一种“被述说的”意义那里寻求公式。[①]

从这种基本特征的对立中可以推衍出差异。形式主义思潮的特性在于更加咬文嚼字、更理论化、更消极、更具有继受性和更保守，而目的论思潮的特性在于更现实、更务实、更具批判性、更具有创造性和进展性。前者更乐意将目光投向过去并力图在当下的生活中维系它，而后者转身向当下并试图为阐明生机勃勃之未来的努力铺平道路。因而形式主义从语义学中提取作业手段，在历史研究中寻求深化，在神学中发现方法的典范。目的论则必然基于哲学（作为最高目的和价值的阐释者）之上，而一旦心理学与社会科学获得了科学的地位，就向它们请求获得最重要的辅助手段。

但“形式主义”与“目的论”都只是口号罢了，因而是片面的，将两者对立起来的做法本身就不是毫无问题的，并极易负载上错误的思想关联，但它们又是最不会导致误解的表述。谁要是对是否使用它们踌躇不决，就会使用语词主义与现实主义、实证主义与理

① 此处的“前一种思潮”指的是形式主义倾向，“后一种思潮”指的是目的论倾向。——译者

性主义、历史主义与现代主义、语义学方法与目的论方法这些说法，或者，如果他想在表达方式的灵活性上迎合大众的潮流，也可以使用更严格的思潮与更自由的思潮这些说法。但无论如何，这两种现在一如既往如同标签的思潮（它们从几乎千年之前开始就大体确定了法律科学的轨迹）如此这般变化交替：在所有时代这两种思潮都有人主张，但一会儿是这种思潮，一会儿是那种思潮**占据统治地位**。这种衍生性的差异同样或明或暗地显现在，这两种思潮中每一种的特性也对从罗马时代末期以来欧洲的诸学派起到了决定性影响。

180 Ⅰ. 古罗马法律发展的尾声是伟大的**优士丁尼法典编纂**[①]。它意图对迄今为止所有的法律思想进行归总，而不只是想要成为使得后续学术发展不再可能的终结点。在皇帝看来，他的作品是“一份协约、一个成果”；矛盾与漏洞都只是表面上的。那么又该如何理解“法律解释更多是曲解”这句话？

一切专制主义时代都对学术自由抱有那种深深的不信任，这种不信任体现在，通过对伪造者施加刑罚来禁止每个人对法源，尤其是其主要部分《学说汇纂》进行机械方式以外的加工。在拜占庭人的这种话语中（而非像人们经常说的：在中世纪对权威的信仰中）存在着晚近将法学理解为“立法者之奴仆”这一观点的历史

---

① 优士丁尼，全名为弗拉维·伯多禄·塞巴提乌斯·优士丁尼（Flavius Petrus Sabbatius Iustinianus，约 483—565），东罗马帝国皇帝，526—565 年在位。统治期间，不仅阻挡了野蛮民族在边疆的骚扰，甚至几乎恢复了昔日罗马帝国的光辉。他最大的成就是颁布了《民法大全》，包括《优士丁尼法典》《学说汇纂》《法学阶梯》《新律》四部分。——译者

根源。

Ⅱ. 近代法学最古老的时代是“中世纪早期”(从公元 6 世纪到 11 世纪初),它就像是对上述命令[①]最忠实的服从者。这一时代——这是一个日耳曼民族与罗马民族非常艰辛地、如同小学生般学习古代文化遗产的时代——的文化水平也不容许与上述法源之间存在不同关系。这一时代不存在法学教育;未来的“法学家”只能先在男童学校学习具体的基本知识,尤其是法律语言和修辞能力,继而在公证人的办公室里熟悉各种惯用的表格。他又怎能用学术性的论据来说服未经法学训练的陪审员呢?他也几乎不具备钻研法源,尤其是《学说汇纂》所需的复杂拉丁语的语言能力。只有依照罗马法生活的教会才需要对其进行专业研究,以便能用这种法来支持其不断增长和变化的诉求。由此自然会导致“法律解释更多是曲解”。教会的伪作,尤其是著名的《伪依西多尔敕令集》[②],其敏锐而博学的内容是这一时代之学术能力(即便不是这一时代之学术意旨与成就)的唯一证明。其余的著作都是纯粹机械性或语法性的著作:片段摘录、改换措辞、观点汇总、罗列表格、澄清语义。这就是所有工作。人们由此被误导,经常会依据证书来寻找“法律专家”(iuris periti)或“法学博士”(legis doctores)。这是对陪审员的修辞性称呼,反映了当时的戏谑口味;说得就好像

① “上述命令”指的当是将法学视为立法者之奴仆的观点。——译者

② 此文件由一些希望教会职务不受地方政治势力所决定的教会人士于 9 世纪中叶所杜撰,声称收集自第 1 世纪罗马革利免至第 8 世纪期间各教宗及会议所作之决定。根据此文件,主教可以直接向教皇申诉,主教和教皇均不在属世政府辖管之下。这文件为人所轻信有五六个世纪久,直到 1433 年库萨的尼古拉(Nicholas de Cusa)才指出其为赝品。——译者

181 将我们的孩子称为印第安酋长，或者将墨西哥匪帮头目称为将军一样。的确存在真正的法学学者，但他们被尘封在了失传的手稿之中。

Ⅲ. 优士丁尼《学说汇纂》，即罗马法学家著作选集，在这整个时代都还默默无闻。在公元 603 年到 1076 年之间没有出现一次引用。可能在某地有位修道士曾发现一份手稿，但翻阅了头几页后就搁到一边了。一份独一无二的样本在 11 世纪末（大约是 1070 年左右）时在意大利的某处被寻获并再次面世。这在世界史上是个偶然事件，无论是好事还是坏事，它决定了法律科学直至今天为止的命运。另一个偶然事件是，这一今天保存于佛罗伦萨的手稿的一份副本落入了一位天才之手，即语言学家、博洛尼亚的瓜奈利留斯（Guarnerius），也就是后来被称为伊纳留斯（Irnerius）[1]的那个人（我们无法确知为什么这样称呼）。这位学者一开始是从语义学的视角来研究这本书的：他将这一文本与一份源自优士丁尼时代的《学说汇纂》节录本进行了对比，并通过出色的鉴别力，在其手稿中整合两者产生出一个新的文本，即《通俗本学说汇纂》，这个文本直至 19 世纪依然有效。所有的《学说汇纂》手稿都无一例外地来自于这份手稿。但凡阅读和理解《学说汇纂》的人都被称为法学家。我们的语义学法学家们的研究成果都反映在了汗牛充栋的注释之中。它们证明了一种真正独特的法学天赋。但伊纳留斯的成

① 博洛尼亚的伊纳留斯（Irnerius von Bologna，又译“波伦亚的伊尔内留斯”，约 1055—1130），意大利法学家，著名的博洛尼亚注释法学派的创始人，为罗马法文本的维护与对罗马法的科学加工做出了卓越贡献。——译者

就并不只是写作了一本法学书。我们惊讶地发现，《学说汇纂》的那些最古老的手稿中几乎每一处都指向那本法学书内和书外相应的地方，数以千计的地方一字不差，它们中的很大部分无疑都可以追溯到伊纳留斯。这些注释证明，伊纳留斯几乎已经钻研过全部《民法大全》。他也是根据优士丁尼《新律》的节录本来还原《新律》本身的人；他和他的学生们同样对迄今为止只以节录的方式存世的《优士丁尼法典》进行了最完整的补全。今天对于罗马法的系统把握依然间接建立在当时那种对充分的法源材料的充分把握之上。这整个学派的人都被称为“注释法学家”（Glossatoren），尤其是它的主要分支“意大利法条主义者”（italienische Legisten）对于整个法律科学的发展意义匪浅，因为它的入口处耸立着一项形式性的语言成就：发现更多的古老书籍、通过其他古老书籍来改进其文本，这种做法开启了一种科学，它的任务在于使得当下的生活有
序化。仅此就足以让人预感到，注释法学家的学问显现了那个时 182
代科学的一般形式，即经院主义（Scholastik）的特征。事实就是如此，无论好或坏。注释法学家对《民法大全》哪怕是最精细的分支的意义与语词都进行了掌握，这证明了他们经院主义式的研究能带来丰硕成果，他们（对流传残本所作的）大量补正、解释、解决办法的尝试和区分证明了他们对于《民法大全》的洞察力；他们对表格和归类的热衷，他们将来源大相径庭的庞杂材料整合在一起的能力（在这一点上没有哪本著作比教会法的奠基之作《格拉提安敕令集》[Gratians Decretum]做得更好）都证明了对《民法大全》的体系感（人们错误地否定了他们拥有这种感觉）。但经院主义同样不乏缺点：例如形式主义，当时谁想要写一本书，通常不会去处理事

实上有关联的一系列法律问题，而是会依照外部视角将各种不同的讨论归拢到一起。例如以法定顺序(apparatus und summae)来汇总区分(distinctiones)、争议问题(dissensiones)、法律案件(但它们并不被用于例如课堂教学[quaestiones])、法定构成要件(casus)、法律原理(brocadica)、矛盾(contrarietates)，尤其是注释以及关于法学书章节的讨论。后一种类型中最著名的著作是阿佐(大约逝于公元1230年)[①]关于《优士丁尼民法典》的汇总以及阿库修斯(大约逝于公元1260年)[②]关于全部《民法大全》的研究参考资料。例如吹毛求疵：偏爱没有用的争议问题和区分。例如迂腐死板：以图式化的方式——例如相信必须将绝对正确的想法置于"质问法"(pro-et-contra-Methode)的交叉火力之下——严格贯彻所谓思维形式，即使它并不适合。例如盲目崇信权威：就像经院主义医学致力于评论古代和阿拉伯医生的著述而不参照现实一样，经院主义法学致力于澄清优士丁尼及其选取的法学家的言论(它们是一千年前被写下的)，并试图将它们运用于彻底改变了的当下。被忽略的恰恰是其自身的生活：它的法条、需求、习惯几乎从不被提及。我们在此拥有的是——除了对这种天真的思维方式的其他称呼外——终结性的历史主义(vollendeter Historismus)，它存活于自身的时代之外，因而对于我们而言几乎完全缺乏历史的意义。

① 阿佐(Azo Portius，1190—1220)，意大利博洛尼亚注释法学家，15—16世纪被奉为注释法学的权威，意大利的法律界曾流行一种说法"不带阿佐的书，就不要登宫殿(法庭)"。——译者

② 阿库修斯(Franciscus Senior Accursius，1181/85—1259/63)，意大利博洛尼亚注释法学派的最后一位代表人物和集大成者，其生前对罗马法所作的注释被称为"标准注释"或"阿库修斯注释"，被奉为正宗的经典大全。——译者

生活走自己的路，而学术走的是另一条。

Ⅳ. 如果我们将逡巡的目光投向一个世纪以后，即 14 世纪中
叶，我们会相信自己看到了一个新的世界。在此人们大多会说注 183
释学派被后注释学派所取代了；但后面这个称呼并没有表明其内涵，因而可能称之为**评注学派**(Consiliatoren)更好。因为现在占据法学文献核心位置，同时也构成其顶点的是评注与品鉴。借由这些品鉴活动，对于法学者来说就有必要不断去把握新的法律观、新的关系与需求，尤其是使得罗马法与这些观念、关系与需求相匹配，假如想要维系其智慧与生命的话。同时也必须出现一种文献，它一来要利用通过评注形成的基本原理去澄清文本，二来要从文本中提炼出那种评注所需的基本原理。当时最负盛名的评注法学家无疑是**萨索费拉托的巴尔多鲁**(Bartolo da Sassoferrato)①，他生活于大约 14 世纪中叶，肯定也是当时影响力最大的法学家。他是否(在人们对其进行长期诋毁之后)也像人们今天经常假定的那样是当时最伟大的法学家，则是另一个问题；因为如果我们仔细去审视其著作，会发现在许多关键之处他总是会援引他的老师**皮斯托亚的奇诺**(Cino da Pistoia)②的观点，后者是**但丁**的著名朋友、意大利抒情诗的重建者，许多诗人法学家中的一位，他作为诗人和作为法学家的成就同样突出(这一点着实少见)。就像他开创了抒情诗

① 巴尔多鲁(1313/14—1357)，意大利评注法学家，中世纪最杰出的罗马法学家、帝国法律的权威，为罗马法最终赢得在整个欧洲法学中的地位做出了杰出的贡献。——译者

② 奇诺(1270/1336—1337)，意大利法学家、诗人，评注法学的开创者，著有《优士丁尼法典评注》及大约 200 首“清新体”诗歌。——译者

中的“清新体”(dolce stil nuovo[①])——众所周知，它将法国南部的抒情诗与意大利经院主义的丰富学识结合在了一起，且可以在但丁的《神曲》中找到这种风格的不朽表达——一样，他在法学中同样扮演了法国文化与意大利文化之媒介者的角色。事实上，从他的著作中可以清晰地发现法国法学家、当时被称为“山外的博士”(doctores ultramontani)[②]或“新派博士”(moderni)的决定性影响。这里尤其指的是贝勒珀克的皮埃尔(Pierre de Belleperche)和稍晚一些的拉维尼的雅各(Jacques de Revigny)[③]这两位生活于13世纪中叶的法学家。这并不令人惊讶，因为在这个世纪法国是在文化上取得最大成就的欧洲国家，在那里社会和经济关系远比意大利发达；另一方面，在那里罗马法(同样也包括注释法学派)的浸润程度也比在意大利要来得低；最后，法国始终是一个充满常识和实践意识的国度。当时那里的哲学(或者像人们所称呼的“辩证法”)十分兴盛，例如有代表性的是，在中世纪时拉维尼的雅各就已经将辩证法引入法学了。当然，依照我们的品味，这些作品的风格绝对不怎么“可口”，就像我们也不怎么享受《神曲》的经院主义寓意那

① 也可译为“温柔的新体”。——译者

② 当时有两个并称的词“Citramontani”和“Ultramontani”。这两个词都以博洛尼亚(Bologna)为中心，前者指的是住在群山外边但并非来自博洛尼亚的意大利人，如伦巴第人、托斯卡纳人、诺曼人；后者指的是生活在阿尔卑斯山外的非意大利人，如来自普罗旺斯、皮卡尔、勃艮第、诺曼底的法兰西人、西班牙人，以及英格兰人、加泰罗尼亚人、波兰人、德意志人等。两者都是“(阿尔卑斯)山外人”，只是前者住在山外比较近的地方，后者住在山外比较远的地方。——译者

③ 拉维尼的雅各(1230/1240—1296)与贝勒珀克的皮埃尔(1247—1308)均为法国法学家，两者把不同于之前注释法学派解释方法的新技术，即推释技术用来解释优士丁尼的罗马法文本。——译者

样。对生活目的的现实主义考量（那些人在对罗马法进行改造和 184
补充时总是要面对它们）在这些作品中几乎一点儿也没有被详述。我们必须要从结论中推断出它们，去认识它们的成果。因而它们当然会合乎我们的口味。现在我们已知道，评注法学家们创设了我们绝大部分的今日之法，因为他们将罗马私法从礼堂与研究室带回到了生活之中，如此才使之成为可适用之物。他们不仅在德意志的、教会的和新罗马的法律思想的意义上或多或少地改造了罗马法条文，而且（通过深掘和汲取这个宝库[①]）也几乎重新塑造了国际私法、合作社理论、国家学的基本原理、刑法以及刑事诉讼法的一般学说，其创造直至今天依然发挥着远程效果。

但方法论自我启蒙的完全缺失以及中世纪权威信仰的拘束同样造成了其在精神上摇摆不定。较之以前**经院主义的形式主义**，现在我们对于**经院主义的目的论**的熟悉程度并不更低。各种新颖的和非罗马的学说都可以仅从权威的《民法大全》文本中淬炼出来。继而这导致了对制定法语词的严重曲解，这种曲解面对再怎么荒谬的假定也不会畏葸不前。因而十分可疑的是，什么是（对文本的）误解，什么又是（文本背后真正的）意图；当然，无意识的意图同样会被表达为误解，以至于愿望成为了思想之父。这导致了一种我们无法容忍的对于辩证法方法的误用；真正的理由处于缺失状态或者被蔑视，不断操练着的却是一系列无穷无尽的权威、注释和论点，合适的与不合适的都被混杂在一起。而所有这一切都被广泛地讨论：因为实践法学必然是决疑术式的，是宽泛意义上的决

---

① 指罗马法。——译者

疑术。故而这个时代的方法仍然是经院主义的，但其内容来自于伟大的自然主义运动（naturalistische Bewegung），这场运动渗透于所有民族和所有文化领域，它与经院主义之间的关系就如同哥特式风格（其不外乎是对这场运动的一种浅显表达）之于罗马风格。这里只需提及它的一些高峰：在自然科学中是罗杰·培根（Roger Bacon）[①]创立的经验研究；在哲学中是奥卡姆的威廉（Wilhelm von Occam）[②]对唯名论的复兴；在神学中是埃克哈特大师（Meister Ekkehart）[③]与弗朗茨·冯·阿西西（Franz von Assisi）[④]作品中神秘主义的觉醒（依据宗教精神去解释教义）；在
185 雕塑艺术中是乔瓦尼·皮萨诺（Giovanni Pisano）[⑤]的（在所有表现神的风格中）酷爱自然主义的艺术作品对复古公式主义的超越；在绘画艺术中是乔托[⑥]的风格，它对同时代传说的展示不再使用完

① 罗杰·培根（约 1219/20—1292），英国哲学家与圣方济各会修士，十分强调通过经验方法来研究自然。——译者

② 奥卡姆的威廉（约 1285—1349），英国 14 世纪逻辑学家、圣方济各会修士，曾提出著名的“奥卡姆剃刀定律”（Occam's Razor），即“如无必要，勿增实体”，或者说“简单有效原理”。——译者

③ 埃克哈特大师（约 1260—1327），全名为约翰尼斯·埃克哈特（Johannes Eckhart），中世纪德意志著名的神学家和神秘主义哲学家，认为上帝即万物，万物即上帝，人为万物之君，人的灵性与上帝的神性是共通的，著有《教诲录》《论属神的安慰》《论贵人》《讲道录》等。——译者

④ 弗朗茨·冯·阿西西（1181—1226），又称亚西西的方济各，简称方济，深受尊敬的天主教圣徒，被视为穷人的代言人，宣讲简单的生活和对一切造物的爱。——译者

⑤ 乔瓦尼·皮萨诺（1250—1315），意大利雕塑家、艺术大师，代表作有《圣母与圣婴及两位天使》《耶稣诞生记》等。——译者

⑥ 乔托（Giotto di Bondone，1266？—1337），意大利文艺复兴时期杰出的雕刻家、画家和建筑师，被认定为是意大利文艺复兴时期的开创者和先驱者，被誉为“欧洲绘画之父”。——译者

美的金色背景[1];在诗歌艺术中是奇诺的“清新体”,在法学中恰恰是这同一位大师的评注技术。

V. 数百年之后,我们再次在此看到相同的斗争在上演。从15世纪末开始,经院主义的目的论首先在意大利,从那儿又随着文艺复兴越过阿尔卑斯山在法国和德国被人文主义法学派所追随,与此相对的是从17世纪开始以理性法和自然法之名出现的理性主义目的论;两次危机都伴随着最激烈的斗争以及相互的诋毁。

我们在此无法完美而详细地展现(尽管并非毫无争议)法国的人文主义学派,它发掘或发现了我们在前优士丁尼时代的几乎所有法律宝藏并加以编辑整理和探讨,并在居亚斯[2]那里将法律知识与语言学、历史学结合起来,直至我们的蒙森[3]才不再如此。在这一思潮与同时代的德国思潮之间可以做一个尖锐的切割。德国的继受法学家[4](Rezeptionsjuristen)中无疑并没有与国外历史学家具备同等能力者,除了梅尔策-哈罗安德斯(Meltzer-Haloanders)这个熠熠生辉的例外。他们是从根本上拥有实践倾向的人,对于各种各样人文主义或辩证体系的盛装并不鄙夷,但依然完全信任

① 在中古和拜占庭时代,绘画或作镶嵌画时一般会使用金色背景或者金色的底子。——译者

② 雅各·居亚斯(Jacques Cujas,1522—1590),法国法学家,当时最著名的罗马法专家,罗马法历史法学派的创始人。其认为罗马法研究的主要任务在于对古代渊源的历史与文献准确研究,而非对罗马法的实际运用,著有《全集》(哈尼巴尔·法布罗特编,巴黎1658年版,十卷本)。——译者

③ 克里斯蒂安·马蒂亚斯·特奥多尔·蒙森(Christian Matthias Theodor Mommsen,1817—1903),德国古典学者、法学家、历史学家、记者、政治家、考古学家、作家,1902年诺贝尔文学奖获得者,著有五卷本《罗马史》。——译者

④ 这里指的应当是继受罗马法的德国法学家。——译者

“意大利方式”(mos italicus),即意大利评注法学家的研究方式。他们只有接纳他们的法,即现代化了的、意大利化了的罗马法,这种继受才有可能。这种依赖性体现在(罗马法文本中)未被注释之处在德国不具有效力;尽管如此,他们完全相信能拥有这部纯粹的“皇帝的”法,并对这部古代经典文本怀有面对偶像般的崇敬。但德国法学家并不值得其榜样予以尊重。他们取走了这种尽管现代、但同时却是外来的法,并将本土关系,例如农民的财产秩序(很大程度上误识了它的特性)置于这些外来的概念之下,就像同时代的建筑艺术那样,想的是践行古代艺术,像维特鲁威[①]那样得心应
186 手地在德意志民居的正面粘上意大利宫殿的柱式序列,这同样没能继受其本质性的东西和比例关系。由此他们对于罗马法产生了一种深深的怨恨,这种怨恨数百年来积重难返,在农民战争中得到了发泄的渠道,在制定《德国民法典》时仍有爆发。因而罗马法在德国的整体继受可以被理解为“概念法学”(Begriffsjurisprudenz)的过程,这是一种法律思维的歧途,它在建构其概念时并不顾及实践后果,或者从任意之处接收概念时不问来源,继而将它们运用于独特的关系。因而我们依然可以在某种视角(就是我们在此所采纳的视角)之下,将16、17世纪的德国实务工作者与在另一种视角之下具有如此根本差异的同时代法国学派置于同一个层级:两者都以纯粹**继受性**的态度面对既有的法律材料,在法国是纯粹的罗马法材料,在我们这里是意大利化了的罗马法材料,并没有对这种

① 马可·维特鲁威(Marcus Vitruvius Pollio),古罗马御用工程师、建筑师,约生活于公元前1世纪,著有《建筑十书》。——译者

材料进行充分调适或续造。故而我们必须依然将这一时代称作是形式主义的：就像注释法学家一样，人们以外国人从前加工和表述的文本为出发点，而不关心当下的目的。当然，**人文主义-历史主义的**形式主义就以此（还有别的标准）区别于**经院主义-非历史主义的**形式主义：后者极少关注当下的对立面[①]，前者恰恰为了其对立面而轻视当下并从这一信念出发呼唤“回归来源”(ad fontes)。

Ⅵ. **自然法学说**转向了其他渊源，它自从荷兰人胡果·格劳秀斯于1625 年出版的著作《战争与和平法》开始踏上了胜利的征程。并不是说自然法思想曾失败过，而是说当我们将格劳秀斯称为自然法之父时，具有这样一种善意：正是他使得自然法服务于法的适用、服务于实践，尤其是国际法领域（当时在这一领域极少有实证材料）的实践。直到今天为止（尤其是在国外），国际法与法哲学之间的关联依然要比与其他法学分支之间的关联更紧密。对于刑法以及稍后对于民法（在其拥趸看来）同样如此。如果我们现在想要依据本文所采纳的视角来对这一自然法的时代进行评价，那么我们就必须清晰地区分自然法哲学与自然法本身。自然法哲学的假定在于，存在一种根植于人类的理性本质，或者（像人们最终所教导的那样）根植于法的本质之中的法，与这一渊源相符，它是绝对、永恒和普遍有效的。从 18 世纪开始，这一哲学已被康德和 187
孟德斯鸠等人的理性批判与法哲学所超越和替代。康德证明，实践理性只包含形式和范畴，并不包含填充了内容的可适用之语句。孟德斯鸠则认为，一切法都是在特定的历史条件下、在特定的时刻

① 即历史。——译者

为特定的人所创制的。因而不存在与自然法哲学相吻合的法。但这一问题并没有因此而被了结：在汗牛充栋的教科书中被错误地称作自然法的东西究竟是什么？对此人们早在18世纪就已进行过反思；那时已经出现了一本具有某种德辛[①]味的著作，它有一个独具特色的标题《揭开自然法的面纱》，主张所谓永恒自然法所规定的语句，不外乎是以现代法律假定来掩饰的历史上的法的片段而已。而在百年之后基尔克则指出，就像我们所期待的那样，在这种所谓超民族的自然法之中隐含着强烈的日耳曼法理念的核心，在这一包装之下它成功地对抗了罗马法。之所以直到今天这一点还没有被充分认识到，是因为自然法学者自身对这一事实并不熟悉：他们相信不仅可以通过先验推测来证明一切严肃之事（它教给他们具有现代需求色彩的生活经验和感受），而且也必须如此来进行研究。故而我们在自然法学者的推演过程中，就像在评注法学家那里一样，几乎发现不了那种被说明了的实践考量。因而这一时代是**理性主义目的论**的时代，它与经院主义目的论的区别在于确定方法的权威变了：取代某本书和罗马制定法之“书写的理性”(ratio scripta)的位置的，是人类理性的永恒立法或者人们所认为的类似的东西。这里再次证明了“幻想的生命赋予力”：恰恰通过其臆测的形而上学意义，那些思想的实践与民族内涵才会变得如此可信和有冲击力。离开这种民族主义的内核，自然也就可能无

① 此处指的当是德国神学家、历史学家安塞尔姆·德辛（Anselm Desing）。德辛是“社会主义”一词的最早使用者，他在1753年与人论战时把倡导自然法的人称为“社会主义者”，后来表示以社会为本位的思想。——译者

法成为如此充满活力和积极进取之立法——就像普鲁士、法国，尤
其是奥地利的法典编纂那样——的基础或阶梯。恰恰由此自然法
才能成为法官适用和补充实在法时所借助的法源。最后，自然法
时代与这样一种教条相决裂，即每一个裁判都必须从制定法或习
惯法中推导出来：实践中，在这两种法源外第一次出现了第三种法 188
源，并在其中出现了第一个法律价值理念的体系。多亏了这一法
源，我们才在当时紧密交织的理论和实践中取得了非同寻常的进
展，尤其是草拟出了“总论”，它在思想上，部分也在今天的内容上
完全属于 18 世纪的产物。同时以此方式，我们共同的私法，即“学
说汇纂的现代运用”才得以现代化和科学化。而只有通过自然法，
国家法学与国际法学才成为了科学。即使从其内容看，自然法也
拥有无法估量的价值。它向人类指明了他们身上的枷锁，并由此
教导他们去摆脱这一枷锁。它以自由这种不可让渡的人权之名与
农奴制度和农民的人身依附性相抗争，与妇女对于自私自利的男
性的从属性相抗争，与将市民关押在行会的金笼子（Goldener
käfig）[①]里的做法相抗争；它对于政府的极端主义与领主的支配关
系十分敏感，它以一切或严肃或讥讽的方式与教会对精神自由的
奴役相抗争。它保障个人免受警察专断的侵害并领会了法治国的
观念，它通过与专断司法相斗争以及设立更确定的构成要件从根
本上改进了刑法，它废除了刑事诉讼中使人肢体不全的肉刑和刑

① 类似于中国“关在笼中的金丝雀”这一比喻。——译者

讯逼供以与人的尊严相吻合，它追究了女巫猎人[①]的刑事责任。

当然对于这种创造物[②]当时就已有主张认为，以此为法源的自然法学者有意对其他法源，尤其是制定法不加理睬。但这种主张——它与所有的改革努力（也包括萨维尼和耶林的努力）相抵牾，因为它自认为是最好的——这次也错了。如果自然法学者可以今天违反一个法条而明天又适用它，那么他们当然可以对现行法不加理睬。但这些法学家没有这样做过，这样做的人也压根不配拥有法学家之名。只有当国家权力并不去正式废除旧时代与当下文化相抵触的法条时，他们才不再将这些法条作为有效的法来对待——这显然是通过自然法论证来进行的。运用这种废法理由（我们不再让它有效）当然是适用了一种模糊的标准。但当我们今天知道，一部制定法不仅可以通过制定法，而且可以通过毁损性的
189 习惯法、通过不适用（它）以及国家变革而丧失其效力时，我们的做法又有何不同呢？因此，自然法学者无疑可以通过对于立法以及实践的影响使得19世纪免受这样的羞辱，即对《查里五世刑事法

① 这里的背景是中世纪的“女巫审判”。中世纪以前，女人在日耳曼传统文化区里一直很受尊重，尤其是制药、行医、会读写的女人。中世纪之初基督教在日耳曼地区得到发展，教会认为按照基督教教义，女人应绝对服从于男人，并捏造女巫形象贬低并丑化女人。从1480年到1780年掀起了迫害“女巫”恶潮，席卷欧洲300年。妇女一旦被诬为“女巫”，立刻被斩首示众，然后焚烧尸体。“女巫猎人”就是专门借此猎杀女巫的人。17世纪初，西欧各国反对迫害魔女的呼声越来越强烈。1714年普鲁士国王腓特烈·威廉一世专门下达诏书，禁止滥用司法迫害魔女，规定所有用刑及审判结果须经皇帝审批。——译者

② 指的就是自然法。——译者

院条例》(Peinliche Halsgerichtsordnung Karls Ⅴ.)[①]进行抠字眼式的适用。自然法对制定法并不怎么怀有敌意，这表现在，它——作为集权国家之子——期待实在法的命运完全依赖于立法，众所周知在这一点上它获得了最大的胜利。但随之它就显得多余了，而在没有进行法典编纂的地方它最终必然是失败的。人们曾呼唤它，为的是在其中找到“法中之法”(lex legum，law of laws)，在混乱的共同法中找到不变的原则。而这本身又加剧了法的不安定性。它再次产生了缺乏方法论上自我反省以及自然法哲学与自然法本身相矛盾的恶果。当人们习惯于将自己的法律意识视为一种普遍有效的法律渊源，并基于经久不衰的典籍将其冒充为自然的声音时，防备专断任意的栅栏就轰然倒下了，最终一切都必然将处于摇摆之中。这种所谓基于自然，实际上基于极度主观的观念之上的自相矛盾的体系最终将完全向极端粗暴开放。法国大革命已向民众及其领袖表明，理性的要求最终导向了一种暴怒的狂醉。人们开始变得厌烦于改造世界，人们试图在正在形成和已经形成的事物中发现理性，自然法的哲学时代曾经取代人文主义的美学时代，而现在它本身也将被历史主义的时代所取代。

① Halsgerichtsordnung 直译为“死刑法院条例”。“Hals”一词在中世纪代表一种跟身体或生命有关的重度刑罚，Gerichtsordnung 指的是有关法院组织法。Halsgerichtsbarkeit 又称为 die Blutgerichtsbarkeit 或 die peinliche Gerichtsbarkeit，在当时主要是处理谋杀、抢劫、窃盗、强奸、谋杀小孩、同性性行为、女巫或魔术行为，这种法规主要牵涉死刑的执行。相对于死刑的法院规则，在当时各地区存在所谓的低级司法程序(die Niedere Gerichtsbarkeit)，这是中世纪当时一种处理比较轻的犯罪行为的审判方式，也被称为所谓的“Patrimoniale Gerichtsbarkeit”。这种审判层级主要处理的是日常生活中的较轻犯罪行为，主要是通过罚钱或者轻微的身体刑罚对于行为人加以处罚。——译者

Ⅶ. 德国**历史法学派**是刚刚过去的一个世纪之前由萨维尼的研究计划所开创的，它的思想财富部分来自于18世纪的法国和英国的伟大思想家与研究者，如孟德斯鸠和伏尔泰[①]、休谟[②]和柏克[③]，部分来自于同时代的德国哲学家，尤其是谢林。孟德斯鸠在1748年认为，“法律(制定法)的精神”并不能被视为富有创造能力之头脑的任意专断的命令，而要被视为——请记住这句不朽的名言——“从事物的性质中产生的必然关系”。继而，他在一切生活的自然条件、气候和土壤性质，及其人类活动、经济生产、人口密度、富裕程度、国家组织、军事活动、宗教、习俗和民族精神中发现了这种性质；同时，他也认为法对于所有这些要素都具有反作用。萨维尼(他那让众多弟子又敬又爱的性格，他独特的历史学与法学
190 天赋不当遮掩其法哲学观点上的贫乏)略去了这种反作用，在所有的因素中他只认可一种——唯一在学术上无关紧要(因为不可把握)的要素：民族精神，以至于一切法的形成过程看上去都像是以习惯法的方式从民族精神中解放出来的过程。这里正好说明萨维尼的学说是一种浪漫主义学说，一种**浪漫主义的形式主义**(romantischer Formalismus)。它由此使得谢林的发展学说庸俗化，即法的“发展”

① 伏尔泰(Voltaire)，本名弗朗索瓦-马利·阿鲁埃(François-Marie Arouet)(1694—1778)，法国著名启蒙思想家、文学家、哲学家、史学家，被誉为“法兰西思想之王”“法兰西最优秀的诗人”“欧洲的良心”。著有《哲学通信》《形而上学论》等。——译者

② 大卫·休谟(David Hume，1711—1776)，英国哲学家、经济学家、历史学家，经验主义和怀疑主义者，苏格兰启蒙运动的代表。著有《人性论》《人类理解研究》《道德原理研究》等。——译者

③ 埃德蒙·柏克(Edmund Burke，1729—1797)，英国著名的政治家和保守主义政治理论家。著有《自由与传统》《美洲三书》《法国大革命沉思录》等。——译者

因其一再变动不居而成为无目标和无意义的过程。这应当归罪于对自然法的盲目反对和拒斥，随之而来的是未曾为之一辩就放逐了整个法哲学。因而产生了对一切目的主义的、评价性的观察方法，以及退回到自我目的论的做法的仇视。（历史法学的）罗马分支在《民法大全》的文本中找到了现在再次适用于一切研究的公式，而日耳曼分支则主要是在蛮族法律（leges barbarorum）和（中世纪的）法书（Rechtsbücher），换言之也就是习惯法中找到了它，只要它已经被表述出来。因而这些习惯法主要适于运用语言学方法而非社会学方法，它们可以像制定法那样被对待。与其说人们是从法学家的视角来观察这些公式的，不如说他们是从历史学家的视角观察它们来得更为贴切。这同样也是浪漫主义的产物，因为浪漫主义将所有的科学都理解为精神科学。孟德斯鸠的影响还体现在，人们从他那里继受了权力分立的理论，从而相信法官的权力必须只限于对其他权力所制定和操控之法条的适用。所有这些影响合起来就导致了这样的观点，它将法学活动理解为一种纯粹认知性的、排除一切价值和意志的活动。这导致了一种反对立法的观点：每种不仅确认法，而且改变法的制定法都被苛责为“任意专断的”；同样，每种关于未曾与世界遭遇之新法典的教学活动与书写活动都被唾弃为“不科学的”。这两点就是这项计划[①]后来影响深远的主要观点，同时也是唯一没法否认的主要观点。在教义学中，浪漫主义的历史形式主义一方面导向了多元主义，即将罗马法尽可能拧向其古代源头，将日耳曼法尽可能拧向其中世纪源流

① 即“历史法学的计划”。——译者

的成果丰硕的努力，另一方面则导向了一种虚假逻辑的、对于当下一切需求无所谓的“概念法学式的”解释方式，后者在萨维尼的学
191 生普赫塔(Puchta)[①]那里达到顶峰。即使在法律史上，一种纯形式主义、切断法与文化一切联系的做法也赢得了一席之地，同时它以复古的方式对于晚近的发展无动于衷，与浪漫主义的民族精神学说相抗衡；这是迄今为止依然在延续的日耳曼主义者与罗马主义者之间学派分裂的结果。其总体的效果体现为理论与实践的完全背离，以至于前者显得不切实际，而后者显得毫无科学性可言。相反，对于这种出于可理解的亲善将三月革命前的政府的权力提升至几乎毫无节制之倾向的受益者，可以进行更尖锐的来源批判和更精致的概念构造。

幸运的是，德国法律科学的未来是由另一些人来代表的，他们当然未曾受到来自后世的赞扬和欢呼，但却值得获得越来越多的同情。这些人中有“好古的”莱比锡法史学家的圈子，如豪博尔德(Haubold)、比纳(Biener)、文克(Wenck)、黑内尔(Hänel)、亨巴赫(Heimbach)等，他们不是为了获得教义学上的最大收益去做研究，而仅仅是出于坚定不移的求知的渴望；这些人中有开创真正历史观的比较法学家群体，如甘斯(Gans)和米特迈尔(Mittermaier)；有商法学者，如艾纳特(Einert)、利贝(Liebe)、特尔(Thöl)等，他们知道从经济生活中汲取来源；有关注特定现行法的学者，如科赫(Koch)

① 格奥尔格·弗里德里希·普赫塔(Georg Friedrich Puchta，1798—1846)，德国概念法学的代表人物，著有《习惯法》(两卷本)、《学说汇纂教科书》《法学阶梯教程》(三卷本)等。——译者

和韦希特尔(Wächter)这些这一时代最优秀的法学家;进而还有18世纪法律文化的继承者蒂堡[①]和根纳[②],他们对新立法的必要性进行了富于洞见的说教;最后还有主要立基于康德和黑格尔哲学的刑法学者和民法学者,这一骄傲的序列包括了费尔巴哈[③]、格罗尔曼[④]、基尔胡夫[⑤]。所有这些群体无一不感到历史学派是令人困惑的,并与之作斗争(但本书未能哪怕以提示的方式来对此加以说明);通常反映在私下发表的言论或迫不得已未曾颁行的著述之中,如文克的一篇卓越的演讲"论神秘主义的法律顾问"(de mysticismo iuriconsultorum)。而这些思潮中的每一种都同时在这种或那种意义上显现为历史主义高潮中的一道目的论环流。

Ⅷ. 当浪漫主义的声音在接近上个世纪中叶时获得了一种现实的地位时,上述环流也逐渐获得了优势;只是晚近的历史学派要被理解为形式主义要素与目的论要素的混合体(也正是在这种混 192

---

① 安东・弗里德里希・尤斯图斯・蒂堡(Anton Friedrich Justus Thibaut,1772—1840),德国法学家、民法学者。著有《潘德克顿法体系》《论统一民法典对于德意志的必要性》《论音乐的纯粹性》等。——译者

② 尼古拉斯・德塔乌斯・冯・根纳(Nikolaus Thaddäus von Gönner,1764—1872),德国法学家、政治家。著有《论我们时代的立法与法学》《实在私法哲学》等。——译者

③ 保罗・约翰・安塞尔姆・冯・费尔巴哈(Paul Johann Anselm von Feuerbach,1775—1833),德国法学家,德国现代刑法学说和心理强制理论的奠基人,1813年《巴伐利亚刑法典》的起草人。著名哲学家路德维希・安德列斯・费尔巴哈(Ludwig Andreas Feuerbach,1804—1872)的父亲。——译者

④ 卡尔・路德维希・威廉・冯・格罗尔曼(Karl Ludwig Wilhelm von Grolman,1775—1829),德国法学家,曾任黑森大公国部长和总理。著有《刑法学基础》《民事争议诉讼理论》《拿破仑法典详解手册》等。——译者

⑤ 约翰・弗里德里希・马丁・基尔胡夫(Johann Friedrich Martin Kierulff,1806—1894),德国法学家、政治家,法兰克福国民会议代表。——译者

合体中维系着这里所建立的历史构造物),它直到今天依然占据统治地位。它从古老的历史主义者的反对者那里汲取了这样的观点:法律科学是一门“生产性”和实践性的学科,但却与那些历史主义者一样试图仅仅将概念构造作为达致这一目标的手段。当代哲学与认识论的荒疏使得人们无法认清其内在的矛盾,另外也一如既往地将历史研究视为法学家的一种宏大而又令人满意的构造手段,而将更重要的心理-社会学任务留在了他们的视野之外。在所有这些思潮看来,这一学派的纲领体现在鲁道夫·耶林第二阶段的著作之中,尤其是体现在他发表于1856/57年的那篇著名纲领性论文《我们的任务》之中。这位伟大的德国法学家的宏伟形象,终究要比他的反对者们,如戈贝尔[①]、韦希特尔、贝克尔[②]、布林茨,以及登伯格[③]、温德沙伊德、贝尔[④]和温格尔[⑤]给这一时代的法律思想打下的烙印要大得多,它就如俾斯麦同给德意志思想打下的烙

① 卡尔·冯·戈贝尔(Karl von Gerber,1823—1891),德国法学家、高校教育家,曾任萨克森王国国务部长和艺术部长。著有《德国私法体系》(多卷本)、《德国国家法体系基础》等。——译者

② 恩斯特·伊曼努尔·贝克尔(Ernst Immanuel Bekker,1827—1916),德国法学家、高校教育家,著有《当代潘德克顿体系》《罗马私法之诉》《德国高校面面观》等。——译者

③ 海因里希·登伯格(Heinrich Dernburg,1829—1907),德国法学家、政治家,潘德克顿学派的著名代表,著有《潘德克顿》《普鲁士私法教科书》等。——译者

④ 卡尔·安东·恩斯特·贝尔(Carl Anton Ernst Baer,1833—1896),德国法学家、帝国国会议员。——译者

⑤ 约瑟夫·温格尔(Joseph Unger,1828—1913),奥地利法学家、作家、政治家,帝国最高法院院长。温格尔被视为奥地利法学的创建者,他最大的成就在于促使以接近于德国法学知识的方式来理解和适用奥地利一般民法。著有《对奥地利共同私法的科学探讨》《奥地利一般私法体系》等。——译者

印那般，甚至给耶林本人的思想也打下了这种烙印。恰恰因为在今天出于大相径庭，甚至是很好的理由，**耶林**的名字有被淡忘之嫌，而在罗马与斯拉夫国家却将他奉为晚近法律科学的核心人物，所以在此要为他求得德国法学家之心脏的荣耀，而原本这一地位是为萨维尼所一再占据的。他的那颗暴风骤雨般的心未能孕育成熟任何更伟大的著作——因为他总是以浮士德般的渴望去试图超越自我；他的箭头也几乎没有精确瞄准过目标——因为只有狩猎和冒险之夜才能吸引这位弗里斯兰人。尽管如此，这位伟大演说家在不那么以写作见长的法学家群体中的影响却变得难以估量。他不仅以决定性的胜利击溃了古老的历史主义思潮（他自己一开始追随这种思潮，并在一本匿名发表、因而不出名的著作中试图为此进行辩护），而且也在其作品的第三时期，以同样倔强的激情及**诙谐与幽默**与晚近的历史学派做抗争。在此他通过为主观法中的“利益”和客观法中的“目的”正名，使得其历史主义和概念法学的要素与现实主义和目的论的要素区分开来。通过这一有力的自我反省的工作，他开创了目的论的第三种形式，即**方法论**的形式。只有对其思想的一种充分而系统的展开才意味着（在国外并不比在德国更鲜见的）打动我们所有人的**自由法运动**（freirechtliche Bewegung）；至少没有人反抗这一运动。这种方法论内容将使得 193
这一最新形式的目的论免遭经院主义与理性主义先驱者的厄运，因为它能使得人们认清目的论的界限和危险，因而教会人们将其合理内核保留为**持久的**成就。

§25 法学实证主义

法律科学发展的最后两个时期，即法学实证主义与自由法运动，在此要被特别关注。

Ⅰ. 在法律科学中，法学实证主义是这样一种思潮，它认为能够从实在法出发，借助纯粹的智识手段而不带自身评价地去获得关于任何法律问题的答案。

Ⅱ. 这种法学实证主义并不仅仅是通过逻辑法则，而毋宁主要是通过法律原理来确定的。

1.法官被禁止进行法律创制（Rechtsschöpfungsverbot）[①]。依据权力分立学说，法律创制权被单独保留给人民的代表。孟德斯鸠并未以足够清晰的措辞要求法官去承担一种完全机械式的、纯粹复制性的任务。判决所包含的内容不外乎是制定法的精确文本，法官只是说出制定法语词的嘴巴，他是一种无灵魂的生物，既不能贬损制定法的效力，也不能缓和制定法的严苛性。法官说出的只是制定法已施加于当下（犯罪）行为之上的东西，为此他所需要的不外乎是他的眼睛。怪异的是，孟德斯鸠恰恰认为可以在英格兰这个判例法国家发现这幅法律自动售货机的图像。

2. 但法官同样被禁止拒绝裁判[②]。就像《法国民法典》第 4 条所规定的："审判员借口没有法律或法律不明确、不完备而拒绝受

① 直译为"法律创制禁止"。——译者

② 直译为"法律拒绝禁止"。——译者

理案件者，得依拒绝审判罪追诉之”。法律科学是一门实践科学，面对实践需要时它不得主张这门科学尚未对呈现的问题做出判断，宣告法律问题“无法可依”（non liquet）的做法是被禁止的。

3. 只有在第三种条件之下，法律创制禁止与法律拒绝禁止才能彼此兼容，即，制定法是无漏洞、无矛盾、绝对清晰的，或者至少能在一部有漏洞、充满矛盾或不清晰之制定法的基础上借助于纯 194
粹的合乎知性的手段获得对每个法律问题的明确的法律裁判。这就是**封闭性**（Geschlossenheit）的假设或虚构，封闭性指的不是制定法，而是法秩序。

Ⅲ. 法律**诠释学**（juristische Hermeneutik）用来为法律科学提供这样的可能，即使当制定法不圆满时也可以获得一个明确的裁判。只是怪异的是，它总是为法律科学提供成对的解释手段，却不说明究竟要运用两种相对的解释手段中的哪一种：是语法解释还是逻辑解释？是扩张解释还是严格解释？是类比还是反向论证？法官不得不在这些解释手段中加以选择，要么借助于法律理由（ratio legis，通过建构），要么借助于法理由（ratio iuris，通过体系）。不可否认，法律人从制定法中能够提炼出的东西要比其作者有意放入的东西来得多。在此意义上，“制定法要比立法者来得聪明”，法律解释也不仅是对先前已被思考过之事物的再思考（就像语言学解释那般），而最终是对被思考之事物的思考。因而实证主义的解释学说就超越了自身：因为没有任何法秩序是依据明确统一的目的来创设的，所以在运用法律理由的过程中就已经隐藏着法官自身的评价了。

Ⅳ. 实证主义法学及其方法在学术领域中并非形单影只：立

基于严格圣经主义的神学像它一样提出了这样的宣称，即通过对这部圣作的单纯解释就能对向它提出的每个宗教问题都做出回答。

参考文献：Radbruch，Archiv f. Sozialwissenschaft u. Sozialpolitik，Bd.4，1905.

§26 自由法运动

Ⅰ.如果说实证主义的解释学说是建立在法律原理的基础上的，即是从法律拒绝禁止与法律创制禁止中产生出封闭的法秩序作为法学假设的话，那么现在自由法运动就开始以逻辑和心理学手段来说明，这种封闭性仅仅是假设或虚构而已。解释确实能使得我们对于制定法的理解要好过其作者对它的理解，但要说制定法不仅比它的作者来得聪明，而且是简直无所不知的，能够为每个
195 想象出来的法律问题都提供答案时，那就是虚构了——只要想一想那些新的、此前未曾被预料到的技术发明就可以明了。这是一种幻想和毫不令人满意的观念：将法官想象为纯粹的认知主体，仅仅是法律自动售货机，是实在法的低下的仆人，他不承担进行法律评价的责任，他不践行正义和衡平，也就是说他不被视为正义的仆人，而仅仅被视为法的安定性的奴仆。对于这种只固守于制定法及其逻辑解释的观念恰恰可以通过制定法本身来反驳：因为通过引入诸如衡平、诚实信用、善良风俗这类一般条款，立法者自身已经授权法官在特定的界限之内去进行创造性的法律发现了。这类

条款当然在形式上保证了法秩序的封闭性，只是它在价值中立之制定法语词的外衣下，在一定的界限内消除了法官的仆人地位。同样不应被误识的是，法秩序封闭性的虚构和对法官造法的否认可以防止法官过早假定制定法存在漏洞，以及过早引入自身的法律创制。但无法否认的是，这种封闭性只是一种虚构而已。这里自由法运动就发挥了实效。

Ⅱ. 与承认制定法漏洞相伴的是，自由法运动认为当出现这种制定法漏洞时法官负有创制性的任务。它并非主张（就像它的反对者们一再谴责的）授权法官将制定法抛在一边；毋宁说它要求司法判决与制定法相协调，并拒绝承认每个司法判决都只能从制定法中推导出来。故而自由法运动并不想赋予法官任何新的权利，只是要让他意识到他自己在做什么（他自己并不承认这一点，或许是因为没有意识到）：以其自身的力量去补充和帮助制定法。

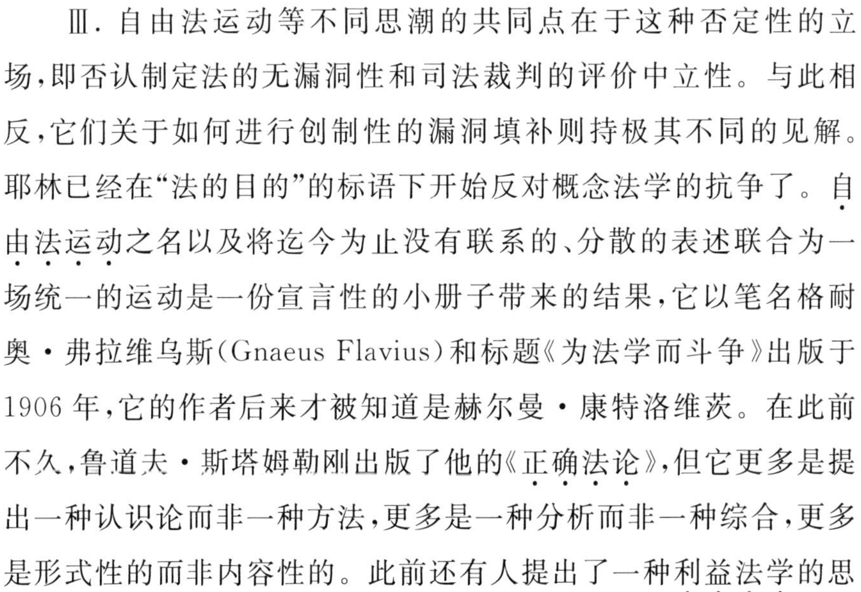

Ⅲ. 自由法运动等不同思潮的共同点在于这种否定性的立场，即否认制定法的无漏洞性和司法裁判的评价中立性。与此相反，它们关于如何进行创制性的漏洞填补则持极其不同的见解。耶林已经在“法的目的”的标语下开始反对概念法学的抗争了。**自由法运动**之名以及将迄今为止没有联系的、分散的表述联合为一 196
场统一的运动是一份宣言性的小册子带来的结果，它以笔名格耐奥·弗拉维乌斯（Gnaeus Flavius）和标题《为法学而斗争》出版于1906年，它的作者后来才被知道是赫尔曼·康特洛维茨。在此前不久，鲁道夫·斯塔姆勒刚出版了他的《**正确法论**》，但它更多是提出一种认识论而非一种方法，更多是一种分析而非一种综合，更多是形式性的而非内容性的。此前还有人提出了一种**利益法学**的思

想（黑克），但它并没有为确定需彼此权衡的利益究竟具有何种分量提供关键性的方法。爱德华·福克斯（Eduard Fuchs）[①]和胡果·辛茨海默[②]进而宣告了一种法律科学的社会学方法。换种说法，就如同“活法”（das lebende Recht）这一惯用语（欧根·埃利希[③]）以及晚近含义大体相同的术语“具体秩序思维”（konkretes Ordnungsdenken），它强调的是依据事物本质进行法律创制。再换种说法，法官的这种创制性活动也可以用术语“目的性的概念构造”或者（用康特洛维茨的说法）“目的论的概念构造”来表述。在此，法律发现被认为是一种依据终极目的，即依据法理念的活动。我们可以在欧根·胡贝尔关于《瑞士民法典》第1条的表述中看到所有自由法运动者共同的信条：“凡依本法文字或释义有相应规定的任何法律问题，一律适用本法。无法从本法得出相应规定时，法官应依据习惯法裁判，如无习惯法时，依据自己如作为立法者应提出的规则裁判。为此，他应当遵循既有的学说和传统。”自由法运动越来越渗透进立法和司法之中。最终，在需填补之价值公式的框架内，司法评价对制定法的侵入已达到了这样的地步：为了法的

① 疑似有误，应为恩斯特·福克斯（Ernst Fuchs，1859—1929），德国律师、自由法运动的先驱。著有《书写司法与法官王权》《建构法学的共同危害》《法律的文化抗争》等。——译者

② 胡果·辛茨海默（Hugo Hinzheimer，1875—1945），德国法学家、社会民主政治家。著有《法律上人的问题》《劳动法基础》《德国法学中的犹太经典作家》。——译者

③ 欧根·埃利希（Eugen Ehrlich，1862—1922），奥地利法学家，欧洲法社会学的开创者之一。著作《自由的法律发现和自由法学》《法社会学基本原理》《法律逻辑》等。——译者

安定性，必须要发出禁止“**向一般条款逃逸**”（海德曼[1]）的警告了。
帝国法院创造性司法的重要例子是“超越制定法的紧急避险”的观
念，以及大萧条时代对“情势变更条款”的运用。尤其是最后纳粹
也利用了自由法运动的思想，不再仅仅以内在于法律（intra
legem）和超越法律（praeter legem）的方式用它来补充有漏洞的制
定法，而且也以反于法律（contra legem）的方式来补充有漏洞的制
定法（正是在这一点上人们曾对自由法运动有过不当的谴责）。
“尽管法官原则上受到制定法的拘束，但他的使命和尊严不容许他
去适用明显和粗暴地违背法理念的制定法，去适用一个恰好有违 197
关于法与不法的鲜活民族感以及民众习俗的规范”（Georg Dahm，
Deutsches Recht，1944）。这一主张即使是现在也可以继续被维
系，但其运用的结果当然会趋向于与写下这一主张的人所假定的
完全相反的方向。但基本上今天的人们不会再那么地去强调自由
法运动的静态结果，而会更多地去强调需要用法的安定性去为它
的雄心设置门槛。

参考文献：要强调的是，恰恰是法律的初学者们也同样要去参阅这些关于法学史的伟大著作：Stintzing-Landsberg，Gesch. d. dt. R. W.；Erik Wolf，Große Rechtsdenker und “Schweizer Juristen der letzten 100 Jahre”，herausg. v. Schulthess，Zürich，1945。

---

① 尤斯图斯·威廉·海德曼（Justus Wilhelm Hedemann，1878—1963），德国法学家，保守主义者，反对魏玛的民主制度，支持民族社会主义。著有《法学导论》《向一般条款逃逸》《德国经济法》《德意志民族法典》等。——译者

第八章　法的历史哲学

§27　历史的法哲学

法的历史哲学意义建立在法的静态性与历史的动态性之间的对立上。法必然自我主张针对历史现象的全面支配：每种新的法律状态都应当是以合法的方式从更早的法律状态中发展出来的，在历史进程中不得存在任何法律上的断裂之处。这就是“正当性”(Legitimität)这一标语的意义。

与此相反，历史的动态性展现于灾难、展现于从违法中一再自然创生出法——这种现象被格奥尔格·耶利内克[①]称作“事实的规范性”——的过程中。法的全面支配在历史中遭遇了它的界限：一方面是迄今为止尚无法通过世界国家式的法秩序来架构彼此存立的各个主权，因而会导致战争；另一方面则因为新宪法通常不可

---

① 格奥尔格·耶利内克(Georg Jellinek，1851—1911)，德国公法学家，与汉斯·凯尔森(Hans Kelsen)、菲利克斯·佐姆洛(Felix Somló)并列为奥地利法律实证主义的代表。著有《主观公法权利》《一般国家学》《法律与法规》等。——译者

能以合法的方式从旧宪法中发展出来，因而会导致革命。歌德[1]在悲剧《私生女》(Die natürliche Tochter)中借那位法官(Gerichtsrat)之口无奈地道出：“在封闭的圈子里，我们严格按照 198
法律处理在生活中反复出现的问题；在不可度量的范围内，十分奇特地在上层来回活动之事，不经审议和判决就决定生死，它也许要根据另一种尺度、另一种数字来算计，这对我们始终是个谜。”[2]俾斯麦曾说过，在今天的政治世界中究竟还有多少生活条件不是根植于革命的土壤之中！一再通过战争和革命被打断的历史发展与纯粹天主教等级制，与从修士们到迄今为止每个天主教牧师的从未中断传递的链条的连续性相对。

当这种法的历史的不连续性也要求对于历史进行全面支配时，它在(历史的)宁静期有时被感到是不受欢迎的。如果说摩尔特克[3]还将永久和平称作一个梦，一个不那么好的梦的话，那么雅各布·布克哈特就干脆讥讽这种“小市民的安全感(安定性)”并认为恰恰在不确定的时代能获得那种高度的文化成就，而尼采[4]则

① 约翰·沃尔夫冈·冯·歌德(Johann Wolfgang von Goethe，1749—1832)，德国著名思想家、作家、科学家，魏玛时期古典主义最著名的代表。著有《少年维特的烦恼》《浮士德》等。——译者

② 此段译文参考了《歌德文集(第八卷)：戏剧》，韩世钟、关惠文译，河北教育出版社2000年版。——译者

③ 阿道夫·冯·摩尔特克(Adolf von Moltke，1804—1871)，德国行政法学家，曾在丹麦和普鲁士政府机关任职。——译者

④ 弗里德里希·威廉·尼采(Friedrich Wilhelm Nietzsche，1844—1900)，德国著名哲学家，西方现代哲学的开创者，语言学家、文化评论家、诗人、作曲家、思想家。著有《权力意志》《悲剧的诞生》《查拉图斯特拉如是说》《希腊悲剧时代的哲学》《论道德的谱系》等。——译者

赞扬那种“危险的生活”。或许今天我们在经历了数十年不安定和危险的生活之后，更想要获得孟德斯鸠曾献给各民族的那种永恒的幸福(它的历史十分枯燥)。

§28　法律史的哲学

Ⅰ.法律史的哲学基本问题在于：究竟是否存在一种内在的法律史？是存在一种拥有自身固有法则的法的历史，抑或只可能有法的文化史、经济史和精神史？对这一问题的回答最终取决于法的质料与形式之间的关系。

1.这里存在着两种彼此对立的学说：**自然法学说**相信法的质料对于法的形式毫无抵抗力。依据这种学说，法理念对于质料拥有不受限制的支配力，甚至它的眼里看不到任何法的质料。它的出发点并不在于一种塑造法的特定历史境况，而在于一种假定的自然状态。但这种自然状态并非社会学上的关系，而完全是个人间的一种非社会性的彼此并立——“**所有人对所有人的战争**”(bellum omnium contra omnes)——，他们之间的社会关系还有待
199 通过法理念来加以创造。因为法理念是永恒的，而法的历史变迁只能根据它的社会学质料，从它所发生的经济和文化关系来加以说明，所以自然法学说不仅拒斥法的质料的抵抗力，也拒斥法的可变迁性。随着法理念之不可抵抗的实现，法律史就必然处于永恒的静止状态。

2.与关于无所不能之法的形式的自然法学说相对，**唯物史观**提出了认为它软弱无能的学说。法只是经济的一种显现形式，法

的形式完全受制于法的质料，法并非用以压铸质料的塑造性的形式，而仅仅是不可抗拒地采纳质料的被塑造的形式。法持续不断地通过历史和社会因素被塑造，缺乏法自身的固有法则。马克思和恩格斯在其《德意志意识形态》草稿中标注道："不要忘记，法就像宗教那样绝少有自己的历史。"

3. 前面的考察已然说明，一方面法理念由事物本质确定，而非像自然法学所主张的那样完全独立于它的质料，另一方面唯物史观的拥护者后来也注意到，应当承认法的形式拥有某种自身固有的法则性和历史性影响。从根本上确定法的形式与法的质料之间的量化关系几乎是不可能的。在一些法秩序中，形式的要素获得了如此大的胜利，以至于它能够在不做根本改变的前提下适应社会的变迁。例如罗马法以其《民法大全》的形式能够在数个世纪之后在一个完全改变了的世界中为新法所继受，并能在这一世界中经受住新的变化，尤其是转向资本主义的巨变。一个法秩序越是接近于生活，越是具体，越是决疑性的，它就越是受到其文化和经济质料的约束，就越是与后者一样短暂。相反，法秩序越是疏离于生活，越是抽象，越是一般化，它就越具有历史静态性，也就越持久。

Ⅱ. 对于法的历史哲学的第二个问题是：是法律生活的变迁更快还是法律规范的变革更快？变迁的承载者更多地是活法还是制定法？变迁更多地是表现为无意识的生长过程还是有意识的创设过程？自然法学试图从理性中去寻找通往永恒有效之法的关键性和终局性的转变。与这种法律发展的理性观相对，历史学派主 200
张法是通过非理性的、有机的、沉默运作的力量和民族精神（它主要体现在习惯法之中）来实现变迁的。它将法的发展与语言的发

展进行对比——但我们今天同样不能忽视伟大的作者对于语言发展过程的有意识的影响。与民族精神理论相对，耶林指明了法的发展过程中有意的法律目的创制和有意的为权利而斗争的作用，正如它在立法中所发挥的那种作用。随着社会学法学与人种学法学的出现，强调用目的理性的动机持续替代非理性和无意识的驱动力，就像例如滕尼斯[①]将“社会”与“共同体”相对，亨利·萨姆那·梅因[②]将基于契约的法秩序与基于身份的法秩序相对时所做的那样。当然在此不能忽视的是，人类也可能借由其有意的目的设定来推进通常超越其意识的目的。文特（Wundt）[③]将这称为“目的的他治性”，而黑格尔早已称之为“理性的狡黠”。陪审法院的历史为此提供了例证。

① 斐迪南·滕尼斯（Ferdinand Tönnies，1855—1936），德国著名社会学家、德国现代社会学的缔造者之一。著有《共同体与社会》等。——译者

② 亨利·萨姆那·梅因（Henry Sumner Maine，1822—1888），英国著名法律史学家，晚期历史法学派的集大成者。著有《古代法》等。——译者

③ 威廉·马克西米利安·文特（Wilhelm Maximilian Wundt，1832—1920），德国生理学家、心理学家和哲学家，他于1879年在莱比锡大学创立了第一个实验心理学研究所，被认为是将心理学作为独立学科的奠基人，也被认为是民族心理学（文化心理人）的共同奠基人。——译者

第九章　法美学

§29　法的表达形式

法律语言与法律人的语言饱受诟病，但却是出于相反的理由：如果说人们批评制定法语言是因为它的枯燥性和贫乏性的话，那么人们批评法庭语言则是因为它的冠冕堂皇和矫揉造作。

Ⅰ. 事实上，制定法语言更大的特色在于它所蔑视的东西，而非它所独具的东西。

1. 首先，制定法语言蔑视那种劝服的风格（überredender Stil）。它要求像数学公式那样不受情感影响，漠视感受，保持稳定平和的语调。但就在并不遥远之前立法者还（而纳粹立法者重新又在其法律序言中）用充溢情感的修辞性语言来编排所有目录。
他们以粗暴的修饰语来表达对于尤其是叛君罪、违背宗教信仰和 201
习俗罪的害怕和愤怒，并试图通过一种庄严肃穆的浮夸语言来表示尊重之意，但却只是暴露出了这样一种嫌疑：人们信赖他们的雄辩更胜于信赖他们手中权柄的权威。当代的立法者已然看到，他不适合去劝服，而更适合去下命令。

2. 此外，我们的制定法语言还蔑视说服的风格（Stil der

Überzeugung)。在开明专制的时代以及就在不久前纳粹主义的时代,仁慈的立法者(也包括法律理由)都或真或假地喜欢表达出制定法的目的,以此求得民众凭借自己的洞见来服从。但谁要是屈尊以其命令的合目的性去说服他人,就相当于放弃了要求被服从(的权力),假如命令的接收者对此并不信服的话。制定法的特性在于,即使它被颁布时是带有某个目的的,它在运用时也不完全是为了实现这一目的(只要它服务于这一目的),而毋宁是要求得到无条件的服从。当代立法者从来不会将"因为"这个词挂在嘴边。当代的制定法语言采纳的是军队命令般的粗暴语言,像后者那样放弃了对此进行任何一种证立。

3. 最后,我们的制定法语言同样也蔑视教导的风格(Stil der Belehrung)。立法者适合对什么应当是合法的做出规定,而非对什么是合法的进行报告和教导,这一点只是在缓慢的发展过程中才被意识到,并随后在其表达方式上打下烙印。例如中世纪时还没有区分法书(Rechtsbücher) 和法典(Gesetzbücher),前者记载着根据习惯就已然有效的法条,而后者本身就是法条效力的来源。艾克·冯·雷普高[①]的私人法律辑录《萨克森之镜》(Sachsenspiegel)(约1225年)几乎可以创设出法典般绝对的权威,《卡洛琳娜法典》(1532年)这部古德意志帝国时期的刑法典所能获得的仍然不外乎是对待法书般的自由服从。即使是在近代一开始也只赋予法典

① 艾克·冯·雷普高(Eike von Repgow,1180/1190—1233),德意志民族中世纪最重要的法律文献《萨克森之镜》的汇编者,该法书是对13世纪德国习惯法的全面概括,对于德国法律史影响深远。——译者

这样的任务，即记录下根据别的法源——当然此时不再是习惯法，而是自然法了——已然有效的法。法典变成了（尽管具有权威的）自然法的教科书，而只有当认识到，立法者并非去发现法就了事，而只有通过他的规范才产生法时，才能慢慢地戒掉教导式的讲台
风格。与此不同，一部当代的法典不包含任何命令或命令要素之 202
外的条文，且对通过小品词、疏排法和重复规定来帮助民众避免笨拙、健忘和粗心的做法表示蔑视。制定法语言同样不使用令人愉悦的连贯表达，单个法条毫无征兆地以段落和条款强行分离的方式彼此并立。制定法——因而并不通俗易懂——预设的是听觉灵敏的听众（警醒的成文法［ius vigilantibus scriptum］）。

Ⅱ. 大量**法庭修辞**揭示出为法而斗争的特性。它展现为炽热与冷静的奇特混合物，冷静指的是它使用一般化概念来进行思考，而炽热指的是以一种激情来使得这些一般化概念生气勃勃（否则只有鲜活的个性才有这种激情）。当然，在德国惯常的言谈技巧并不包含适当的评价："展现出的是理性和合法性意义，鲜有顾及技巧本身。"德国人毋宁倾向于从道德上对言谈技巧表示疑虑，也就是假定它们是不真诚的。这种言谈技巧也确实是"不真诚的"，但只是在有意进行人工构造的意义上才是不真诚的。这种不真诚性体现在，言谈技巧是一种自我描述，但这种描述要高于对日常生活的描述本身，因而如果人们选择日常生活之真诚性作为标准，它就是不真诚的。但我们的观点是，恰恰这种罕见的、来源于日常生活又高于日常生活的人类要素，要比其日常生活的宽阔轨道更加接近于其真实的本质。伟大的演说家自己在被升华了的激情雄辩（这使得他被提升为与上帝同列的高度）或人类应当体验却极少体

验到的理念中感受到了这一点。对演说家本人而言，就如对于令他着迷的事物一般，言辞过滥的危险、甚至恰恰是庄严的法庭修辞的危险都不当被低估——罗马民族的特性在于他们既具有雄辩的天赋，但也对此深具怀疑，这在我们身上是看不见的。尽管如此，人们必须抵制那种仅仅因为修辞是一种技巧就从道德上怀疑它的市侩批评。

Ⅲ. 即使是法律知识也被不断根据美学价值来加以衡量。人们谈论对法律问题的“优雅的”解决办法，在它的优美中寻找一种真实的标准。在对法律知识进行评价时，这些美学价值也同样影响着每个感受到美的人：体系论中的对称性、被偏好和不那么受欢迎的数量、在展示历史和逻辑发展时对曲折线的鄙夷和对不间断
203 的弧线的偏好。这类美学效应会变得很危险，就像德国式的思维和英国式的思维之间的对立可能说明的那样。英国式的思维（就像在法律中，也同样在政治中）否弃制定广泛的预测性计划的做法，它静候事物的发展，以便随后通过处境来获得教益，它的优势在于不惮于改变发展的方向，不惮于一种曲折线般的不完美图景，每次都去做必须要做之事。相反，德国人倾向于，即使是错误地扣上了第一颗扣子，也要继续扣上第二颗、第三颗和最后一颗相同的扣子，执拗地固守一开始选定的路线，这不仅是为了保持一贯性，也是出于追求弧形曲线和百折不挠之路线的美学需要。但解决办法的优雅性通常只是对其正确性的一种十分具有迷惑性的表征而已。

§30　图像中的法哲学

Ⅰ.在阅读技能尚未被推广的时代,比之今天会更多地去阅读图像、澄清隐喻。随着对直观的不断疏远和对概念的不断运用,我们越来越丧失了对隐喻的重视。人们很少再意识到,曾有一种隐喻的技巧形式,在数百年间吸引着人类去进行研究:象征学(Emblematik)。恰恰是一位伟大的法学家奠定了它的基础:安德雷亚斯·阿尔恰托[①]。当然,这种象征学建立在图像和话语的共同效果的基础上,因为要使得它们的隐喻复杂化才能在不添加诗句的前提下就可以被理解。因此,从莱辛[②]的《拉奥孔》(Laokoon)以来占据统治地位的技艺的自治思想,即话语技艺与图像技艺相分离的想法,就意味着象征学的终结。毕竟从那时开始人们就对隐喻的欢愉完全麻木了。"冷淡的"成为人们给予隐喻的常见修饰词。

① 安德雷亚斯·阿尔恰托(Andreas Alciatus,1492—1550),意大利法学家,人文主义法学派的创始人。生于意大利的米兰而成名于法国的布尔日,是最早倡议将罗马法作为历史现象而不是作为现行法规来进行研究的学者。著有《〈优士丁尼法典〉后三卷注解》(1515)、《民法之悖论》(1518)、《勘校集》(1518)、《疏漏集》(1518)等。——译者

② 戈特霍尔德·埃弗拉伊姆·莱辛(Gotthold Ephraim Lessing,1729—1781),德国启蒙运动时期剧作家、美学家、文艺批评家,其美学著作主要有《关于当代文学的通讯》《拉奥孔》《汉堡剧评》等。《拉奥孔》通过分析古典雕刻与诗歌的表现手法的差异,论证造型艺术与诗的界限,即空间艺术与时间艺术的界限,得出画更适合于表现美的结论。——译者

Ⅱ. 关于**正义女神**(Justitia)的隐喻,奥卢斯·革利乌斯[①]转述过哲学家克吕西波[②]的一段表述:有着少女般的美丽和体态,有着严肃和峻冷的外貌,目光尖锐、带着某种淡淡的体面的哀伤,这并不是羞怯,也不是挑衅,而是令人肃然起敬。当然,奥卢斯·革利乌斯叙述道,一些情感细腻的克吕西波的读者在这里发现的更多
204 的是一幅残暴的图像,而非正义的图像。但对于这幅希腊的正义女神图像,值得一提的是,它缺乏一切惯常的标志,依照生活于纯粹直观中之民族的风格,它只有通过隐喻性形象的形式和表达本身才能使其意义变得明了。当然在那时,**剑**就已经被认为是忒弥斯(Themis)与迪克(Dike)[③]的标志了,嗣后罗马人又用**天平**来作为公平的标志。但在正义的形象中结合天平与宝剑是中世纪早期的成就。

就像所有好的隐喻一样,天平和剑同样可以作多种解释:它们可以被认为是判决和执法的象征,也就是法和权力的象征,或者是民法和刑法的标志,或者是刑法的两面性,即定罪和量刑的表达,最后,也或者是矫正正义和分配正义的标志。在这些标志的背后,

---

① 奥卢斯·革利乌斯(Aulus Gellius,130—180),古罗马帝国的文学家和语法学家,《阿提卡之夜》是其唯一的传世之作。目前该书的第一至五卷已被译为中文:《阿提卡之夜(一—五卷)》,周维明、虞争鸣、吴挺、归伶昌译,中国法制出版社 2014 年版。——译者

② 克吕西波(Chrysippus,约前 280—前 207),古希腊斯多亚派哲学家,斯多亚派领袖克雷安特的继承人。他使斯多亚哲学成为一个完整的体系,并为它的传播做出了巨大贡献,因而被誉为该学派的第二创始人。——译者

③ 忒弥斯是古希腊神话中主持法律和正义的女神,她是乌拉诺斯的女儿,十二泰坦神之一,她和宙斯生育了荷赖(时序三女神)和摩赖埃(命运三女神)。迪克是宙斯和泰美亚的女儿,是古希腊神话中另一位象征法律和正义的女神,后来就演变成了古罗马的正义女神。——译者

这一形象本身(它告诉了希腊人一切)越来越隐藏于幕后。一个特别鲜活的正义女神雕像矗立于法兰克福的罗马人喷泉[1]之上:她高举天平,把着作势下沉但随时准备挥出的宝剑,迈着坚定前行的步伐,而不是像她的许多姐妹们那样站在原地,这样我们就可以将她作为隐喻来欣赏和澄清。

阿尔布莱希特·丢勒[2]关于纽伦堡宗教改革的主题木刻画对我们来说一直是个谜。在天使们高举的纽伦堡和帝国徽章之上,两个人物坐于云端,通过她们之间的一块小牌子可知她们被称作"神圣的正义女神"(Sancta Justicia)。或许这种正义的双重形象要一方面被理解为对矫正正义,另一方面被理解为对分配正义的塑造;但它们的特征并不支持这种理解。两人中的一个戴着王冠,持着宝剑与天平,另一个戴着花环,一只手拿着一个被倒空的钱袋,另一只手托着升腾的火焰。被倒空的钱袋意味着拒绝贿赂,而根据古代隐喻学家的理解,火焰意味着高耸的理想。

人们可能会想,像正义这样一个如此充满阳刚之气的概念不应该用女性形象,而应该用男性形象来表现,例如光明天使(Erzengel Michael),事实上他已在关于最后的审判的图像中带着宝剑和天平出现了。汉斯·布克迈尔[3]在他的正义女神的形象中

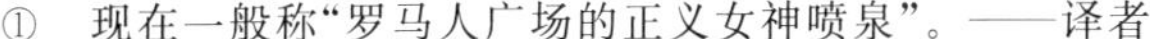

① 现在一般称"罗马人广场的正义女神喷泉"。——译者

② 阿尔布莱希特·丢勒(Albrecht Dürer,1471—1528),生于纽伦堡,德国画家、版画家及木版画设计家,是当时最出色的木刻版画和铜版画家之一。主要作品有《启示录》《基督大难》《小受难》《男人浴室》《海怪》《浪荡子》《伟大的命运》《亚当与夏娃》和《骑士、死亡与恶魔》等。——译者

③ 汉斯·布克迈尔(Hans Burgkmair,1473—1531),德国版画家,曾被马克西米连皇帝聘为宫廷画家,担任丢勒的助手。主要代表作有《马克西米连皇帝骑马像》和《死和爱》。——译者

给她穿上了惹人注目的男性服饰、灯笼裤和中筒袜。除了宝剑之
205 外，她还拿着一个地球仪（天平装在地球仪之内）——象征法统治着世界。

相反，当阿尔布莱希特·丢勒以男性形象来展现正义时，就不能作隐喻式的理解，而要作占星术式的理解了。一位青年男子持着宝剑和天平坐在一头被认为是星座的狮子身上，一枚日轮就像（圣像头上的）光环那般照耀在他的头顶：他是太阳正义男神（sol iustitae）。

正义女神的**蒙眼布**则是后来才添加上去的东西；它与其他两个标志，即天平和宝剑，同样是矛盾的，因为必须用来观察天平和凝视宝剑的眼睛却被蒙上了。最开始时蒙眼布是作为讽刺画出现的；在塞巴斯蒂安·布兰特[①]的木刻画《愚人船》的第一版（1495 年）中，一个愚人从正义女神的背后将一块蒙眼布遮在她的眼睛上，而施瓦岑贝格[②]在 1517 年的《班贝格死刑法庭条例》（Bambergensis）中给合议庭的全部成员都戴上了（宫廷弄臣或丑角戴的）滑稽帽和蒙眼布："根据邪恶的习惯做出判决/ 与正义相悖/ 就是这群瞎眼的愚人的日常活动"。相反，在保留于歌德在魏玛的家中的小彼

① 塞巴斯蒂安·布兰特（Sebastian Brant，1457/1458—1521），德国法学家，巴塞尔大学法学教授，曾任自由帝国城市斯特拉斯堡的法律顾问和首相。——译者

② 约翰·冯·施瓦岑贝格（Johann von Schwarzenberg，1463—1528），出身于贵族世家，班贝格侯爵主教的总管，受侯爵主教格奥尔格三世申克·冯·里姆普格（Georg Ⅲ. Schenk von Limpurg）的委托起草了《班贝格死刑法庭条例》（Bamberger Halsgerichtsordnung，简称 Bambergensis）。这部法律深受人文主义意大利学派的思想影响，并成为随后的《卡洛琳娜刑法典》（Constitutio Criminalis Carolina）的基础。该法应当颁布于 1507 年而非 1517 年，原文疑似有误。——译者

得·菲舍尔[1]的手绘本中，正义女神自己为正在登基的皇帝戴上了蒙眼布，也就是说，现在它看起来已经从一幅讽刺画变成了正义的象征，变成了对“不要受人干扰”这一准绳的形象说明。

同样，只是从罗马法的继受之后，书才被认为是正义的象征(即使在那时这也并非十分常见)，一开始时也被认为是讽刺性的。一幅单面的木刻画展示了几个肩并肩的人物：拿着书的法学家、拿着利息的放高利贷者以及穿着围裙的妓女，汉斯·布克迈尔再一次展示了几个法学家，他们围着桌子彼此争吵，而桌子上放着一本打开的书。相反，在海德堡的老桥上，正义女神倚靠在五本大开本的书上，这被认为是对丰富的法律知识的严肃象征。

Ⅲ. 正义女神的讽刺画在宗教改革时期以更加严肃的方式被展示。在米歇尔菲尔德·特皮希(Michelfelder Teppich)的那幅著名的木刻画中有一位法官，旁边的附注是“欺骗”，而在他身旁的手杖里却锁着三种美德，其中之一是正义。在《班贝格死刑法庭条例》中，那位“袖手旁观的法官”(Taschenrichter)对面是个马贼，而身后是个魔鬼。附注说明：“人们在陆上和水上已经抢了很多/ 袖手旁观的法官却抢得还要多!”这是官方法典中对法官的一幅多么粗野的警示画呀!

Ⅳ. 这类警示画在刑场上到处出现。在日耳曼博物馆中保存着莱嫩贝格尔(Leinenberger)的一幅木雕作品：法官坐在一只鹰头 206

① 小彼得·菲舍尔(Peter Vischer dem Jüngeren，1487—1528)，雕塑家，被认为设计了选帝侯“睿智的弗里德里克”位于维滕堡的城堡教堂中的墓穴。菲舍尔一家是雕塑家族，其父大彼得·菲舍尔是当时著名的雕塑家。——译者

狮身怪兽上，一边是一位富人，一边是一位穷人，而法官的身子侧向于那个富人。《萨克森市容法》(Sächsische Weichbildrecht)早就进一步规定，一般应当用审判席来展示最后的审判，以作为这样一种警示：法官自己将来也会受到审判。随后在各个市政厅中出现了五花八门、主题一再重复的涉及正义的其他图画：《所罗门王的审判》(das Solomonische Urteil)、《阿佩莱斯的诽谤》(die Verleumdung des Appelles)、《冈比西斯的审判》(das Urteil des Kambyses)、《正义的图拉真》(Tranjans Gerechtigkeit)以及其他公正之法官的榜样和对不公正之法官的警告。然而，在德国极少在法庭中出现关于法律人，尤其是法学家的那位守护神圣伊华·荷洛里[①]的图像，但他出现在一些法学院(例如弗莱堡大学法学院)的印章之中。

Ⅴ. 在《死亡之舞木刻组画》中，鲜有法官和律师缺席的。汉斯·荷尔拜因(Hans Holbein)在他的《死亡之舞木刻组画》中展示了这样一位法官——死亡打破了他的权杖，一边是惯于撒谎的监护人，一边是被欺骗的被监护人——和这样一位律师——他的富裕的顾客在向他付钱，背后是一位预感不祥地看着这一切的贫穷的被告。在《行星之子组图》中，朱庇特的孩子同样也包括了法官。《社会等级系列书》同样描绘了法律人，例如在约斯特·阿曼[②]的社会等级书中，法律人被描绘成一个装扮老于世故、态度傲慢的男

① 圣伊华·荷洛里(Ivo Helori，1253—1303)，中世纪法国一位被封为圣人的本堂神父。他是布列塔尼、律师和遭遗弃儿童的主保圣人，被称为“穷人的代言人”。——译者

② 约斯特·阿曼(Jost Ammann，1539—1591)，瑞士裔德国艺术家，以木刻画，尤其是擅长图书插页的木刻画著称。——译者

人,并配有汉斯·萨克斯[①]的嘲讽诗行。相反,在韦格尔[②]的社会等级书中,法律人朝寻求法律帮助者大声喊:“闭嘴,因为这种俗世蠢事不值一吵!”

Ⅵ.如果我们观察到了对正义女神和法律人的描绘方式的多样性,那么就会产生这样的印象,即某些批评的主题会一再出现:法官的腐败、律师的贪婪、两者的吹毛求疵和远离民众。最后,这种司法漫画不外乎相当于后来幽默杂志中的漫画人物、心不在焉的教授和虚度光阴的学生:这构成了各式各样有趣的嘲讽和严肃的警示的出发点,这些出发点通常不再被检验其正确性,而只是简单被采纳而已。相反,只有到了19世纪才产生一种深入细节的嘲讽式的司法批评,尤其是在当时最伟大的司法讽刺艺术家奥诺雷·杜米埃(Honoré Daumier)[③]的作品之中。

参考文献:G. Frommhold, Die Idee der Gerechtigkeit in der bildenden Kunst; U. Lederle, Gerechtigkeitsdarstellungen in deutschen und niederländischen Rathäusern, Heidelberger philosoph. Diss. 1937.

---

① 汉斯·萨克斯(Hans Sachs,1494—1576),德国16世纪著名的民众诗人、工匠歌手。他的作品形象生动,语言通俗幽默,内容和形式都为当时人民所喜爱。他在七十三岁时把所写六千多篇作品手抄成册,名《诗全集》,诙谐、生动的教训和写实主义的社会描写为其特点。——译者

② 老克里斯托弗·韦格尔(Christoph Weigel der Ältere,1654—1725),德国铜版雕刻家、艺术商人、出版商,最重要的作品是完成于1698年的《社会等级书》。——译者

③ 奥诺雷·杜米埃(Honoré Daumier,1808—1879),法国著名画家、讽刺漫画家、雕塑家和版画家,是当时最多产的艺术家,也是法国19世纪最伟大的现实主义讽刺画大师。杜米埃的早期作品几乎都发表在《讽刺》杂志上,攻击政府腐败和法律的不健全,代表作有《三等车厢》《带孩子的洗衣妇》等。——译者

插图资料:Franz Heinemann, Richter und Rechtsweg in der deutschen
207 Vergangenheit; Hans Fehr, Das Recht im Bild; Cornelius Veth, Der Advokat in der Karikatur. Heinerth, Die Heiligen und das Recht; Radbruch, Das Buch als weltlisches Symbol im Reallexikon der deutschen Kunstgeschichte, Bd. Ⅱ; Radbruch, Karikaturen der Justiz von Honoré Daumier, 1947.

§ 31 法与文学作品

歌德曾写信给他的一位作家和法学家朋友,说要臣服于这两个上帝[①],它们间的敌意要比钱财与基督之间的敌意更甚。其他从法学院逃逸的作家们(他们对此感到厌烦)同样记录下对法学的这些诅咒:乌兰德[②]的一首诗这样开头——"当我投身于法律时/这与我的心灵渴求相抵触……",而舍费尔[③]那诙谐的深叹调也很著名:"罗马法呀,我记恨你/就像梦魇压在我的心头/就像磨盘压在我的肚上/就像板钉钉在我的脑门上"。这样的排比还可以继续下去。但其他作家觉得法学令人满意和亲切:例如,恩斯特·西奥

① 指的是"文学"和"法学"。——译者

② 路德维希·乌兰德(Ludwig Uhland, 1787—1862),德国浪漫主义诗人,他的许多诗歌及民谣有民间传说的风格。最著名的两首诗歌为《歌手的诅咒》和《我有个同志》。还创作了《古代高地德语与低地德语民歌集》(1844—1845)和《德国文学和传说史》(八卷, 1865—1868)。——译者

③ 约瑟夫·维克多·冯·舍费尔(Joseph Victor von Scheffel, 1826—1886),德国19世纪的流行诗人、作家。——译者

多·阿玛迪斯·霍夫曼[①]将双重生命引入了梦幻的文学世界和清醒的法律世界，作为皇家最高法院的法官，他在政治疑难事件中特色鲜明地站在他的追随者一边。但如果我们追问，通常艺术家对于法学反感的根据何在，我们就必须指涉法学的“客观公正性”，就是说，法律恰恰是对人类重要特征的抽象化。例如，法只知婚姻而不知爱情，只知债务关系而不知友谊。尽管如此，作家们关于法的表达往往要比法哲学家的表达更有影响，渲染力也更强，因为它们更加深植于实际存在之中，不仅仅存在于思维，而是存在于全部的人性之中；或者使用滕尼斯的说法，不在于自由活动意志，而在于本质意志之中。

Ⅰ．1.法是文学作品的常见主题。睿智法官的历史是世界文学史的一部分——从例如日本法官大冈忠相(Ooka Tadaske)[②]的

① 恩斯特·西奥多·阿玛迪斯·霍夫曼(Ernst Theodor Amadeus Hoffmann，1776—1822)，德国作家及作曲家，浪漫主义运动的重要人物。——译者

② 大冈忠相(1677—1752)，江户时代中期的幕臣、大名，西大平藩初代藩主。大冈忠相最为人所熟知的是他做出的经典判决，它们被收录于《大冈仁政录》之中。其中一则案例为：一名妇女由于要到大名家当帮佣，便将刚出生不久的孩子交托给邻居照料，并且每月支付保育费。当孩子长到10岁时，这名妇女结束了大名家的帮佣工作，向邻居提出交还孩子。邻居却坚称这孩子乃是自己所生，还殴打了这名妇女。妇女无奈，只能向町奉行所提出诉讼。在奉行所，双方当事人互不相让，言辞激烈地斥责对方是冒牌货，最后险些动起手来。就在其他官员都踌躇无措时，大冈忠相突然提出，要双方像拔河那样用力拉扯孩子，胜者便是孩子的母亲。真正的母亲当然不会同意这样的做法，当即提出异议，不肯去拉扯孩子。就算是在与力的强制下，也只是泪流满面地轻轻拉扯孩子的小手。就在冒牌货欢欣雀跃地庆祝胜利时，大冈忠相命人将其拿下，并大声呵斥道：“你这个冒牌货，哪有母亲会如此对待自己的孩子。你一心只想取胜，丝毫不关心孩子的感受，你不是真的母亲。”在场的官员都十分钦佩大冈忠相敏锐的洞察力。——译者

卡迪司法，到保利(Pauli)的《申普夫和恩斯特》和维克拉姆[1]的《旅行马车口袋书》，再到黑贝尔[2]《小宝盒》。这些故事中的一个被圣伊华转载过：一个富人对一个穷人提起了损害赔偿之诉，因为后者每天都能闻到从这位地主的厨房里飘出的美味香味，伊华宣称富人的诉讼请求是合理的，并要求穷人当场交出一块硬币，让它在桌面上发出声音，并判决：一赫勒[3]的声音正好补偿煎炸的香味。但
208 大多数这类故事涉及的都不是出人意料的法律发现，而是通过司法技巧的事实调查。所罗门王审判的故事很典型。这个睿智法官成功证明事实的故事可以在今天的犯罪小说中找到其更为精致的赓续，只是前一个故事中睿智法官的位置被狡猾的侦探所取代了。

2. 丝毫不鲜见的还有民俗故事，它们反过来以要机警的法律手段为对象。只要想一想不朽的叙事诗《列那狐》、约翰·彼得·黑贝尔的《聪德尔弗里德和聪德尔海纳》的故事，还有格哈特·霍普特曼[4]的《海狸皮》就可以了。就像类似的故事《奥伊伦斯皮格

① 约格·维克拉姆(Jörg Wickram，1505—1555/1560)，是位博学多才和高产的新标准德语早期的作家，以戏剧、散文和翻译著称。《旅行马车口袋书》是本轶事集。——译者

② 约翰·彼得·黑贝尔(Johann Peter Hebel，1760—1826)，德国作家、神学家和教育家。著有《阿勒曼尼诗歌集》，因而被认为是阿勒曼尼地方文学的先锋。1808—1814 年在卡尔斯鲁厄担任文科中学校长期间，负责编辑中学出版的《莱茵区家庭之友》乡村日历，并刊载他所写的故事和轶事，于 1811 年汇集为《莱茵家庭之友的小宝盒》(简称《小宝盒》)出版。2010 年黑贝尔诞辰 250 周年之际，德国将 2010 年命名为“黑贝尔年”。——译者

③ 旧银币或铜币。——译者

④ 格哈特·霍普特曼(Gerhart Hauptmann，1862—1946)，德国剧作家和小说家，文学自然主义的重要推动者之一，于 1912 年获得诺贝尔文学奖。——译者

尔》(Eulenspiegel)一样，这些故事描绘了弱小的、贫穷的、沮丧的男人对于富有的、强大的男人的复仇，机智的土星之子对于笨拙的火星之子或者恰恰是狐狸对于狼和熊的复仇。对法律的违反在这里并没有作为被强调的因素出现。

3.同样，对重罪的心理学分析，如席勒[1]的《丧失荣誉的犯罪者》、赫尔曼·库尔茨[2]的长篇小说《太阳客栈的老板》(它的主人公与席勒的那部中篇小说相同)以及费尔巴哈的经典之作《离奇犯罪的档案记述》较少涉及法律问题，而更多是涉及对情节、犯罪活动中的极端情形和人类心灵的一切危险的描绘。

Ⅱ.法尤其在**戏剧**中成为文学作品的主题。悲剧的本质在于不可化解的悖论，法恰恰建立在悖论和对立命题的基础上，例如实然与应然、实在法与自然法、合法的法与革命的法、自由与秩序、正义与衡平、法与仁慈，等等。格奥尔格·耶利内克曾指出古代戏剧与现代戏剧之间的一种根本性对立。在古代戏剧中，法对于个人来说是一种不可抗拒的命数，个体对此是无力反抗的。有时看上去是个体对于制定法的反抗(就像在《安提戈涅》中那样)，实际上涉及的是不同法秩序(如世俗法与神法)间的争议。相反，在现代戏剧中，尤其是在基督教承认了每个人类心灵的自我价值之后，冲突往往发生在法与个体之间。

---

① 约翰·克里斯托弗·弗里德里希·冯·席勒(Johann Christoph Friedrich von Schiller,1759—1805)，德国18世纪著名诗人、作家、哲学家、历史学家和剧作家，德国启蒙文学和“狂飙突进运动”的代表人物之一，也被公认为德国文学史上地位仅次于歌德的伟大作家。——译者

② 赫尔曼·库尔茨(Hermann Kurz,1813—1873)，德国作家、施瓦本学派民族诗人、出版家、作家。——译者

一部很特别的法律戏剧是莎士比亚(Shakespeare)的《量罪记》,这是一部内含悲剧主题的喜剧,其中悲剧的主题并没有完全
209 被克服。摄政安哲鲁(Angelo)的司法错判是如此之严重,以至于无法仅仅通过发慈悲来赎罪。慈悲在本质上是缺乏目的的,它从其效果中获得意义:作为伦理世界的一种奇迹,它恰恰是通过从原本的受之有愧出乎意料地转变为对灵魂的赦免而偶然成就的。在《量罪记》中,安哲鲁在发慈悲之后依然一言不发——我们要记得那三行话,它们表明了通过慈悲所发生的转变。慈悲之声在莎士比亚的《威尼斯商人》中美妙作响,但即使在这里它也像未被听到的警示声那样慢慢消失了。悲剧再一次冲破了喜剧的外衣:夏洛克(Shylock)的悲剧。耶林曾认为,通过对法的扭曲和对契约抠字眼式的运用来使夏洛克遭遇不公是错的,而科勒的反对意见,即在法律史上过时的法惯于以这种扭曲的方式得到新造,并不能清除这种反对意见——夏洛克依然遭受到了不公,这指的并不是结果,而是其证立的过程。在莎士比亚的叙述中,这自然不算是不公——这无疑是对一个人(即使是个犹太人)不严肃和歧视性的对待。但莎士比亚的伟大之处在于,借他之手,夏洛克的形象从一个卑微而讨人厌的配角变成了一个悲剧人物,由此使得其周围原本站在亮处的人都黯然失色。一位伟大的演员斯柴德克劳特[①]曾以这种方式来理解和描绘莎士比亚,但这么做就会更多地服务于人性而非艺术,这恰恰会要求与整部喜剧的精神相反,去减轻对作为

① 约瑟夫·斯柴德克劳特(Joseph Schildkraut,1896—1964),奥地利裔美国戏剧和电影演员。——译者

一段转瞬即逝之插曲的夏洛克的不公，使得这种不公让步。

歌德和席勒一开始创作戏剧——歌德的《格茨》和席勒的《强盗》——时都对反抗法的做法大加颂扬。两人都在后来才对法有正面的评价。歌德后期的立场典型体现在他记载随军征战经历的小说《围攻美因茨》中的一句著名的或者说声名狼藉话中："我宁可犯下不义之举，也不要忍受无序。"但这句话并不是从盲从秩序的庸人或者从小市民的安全感的角度来说的，它毋宁是完整世界观的一种要素——就像希腊语中 Kosmos 既可以指"秩序"，也可以指"世界"那样，人们可以称这种观点为"宇宙秩序式的"（kosmisch）。基于与革命正义相同的思维，歌德同样拒斥地球突变说，因为他更愿意用来自水流之静默作用的水成论，而非通过来自热地核之强 210
力爆发的火成论来说明地质变迁。《约伯记》中的格言道出了它的植物形变："看，他经过我的身旁，我没有发现。他变了样，我却没有发觉。"在相同意义上，歌德的伦理学取向于"后果"、结果、坚韧、创造性的耐心这些概念。最后，他将一种超越死亡的继续生存和继续创造的权利和灵魂的不朽建立在一生之坚韧活动的基础上："因为尘世间的持久之物，保证了我们将拥有永恒的存在"。但他的法理念中缺乏秩序与正义的张力，他只是一味地偏向秩序来缓和这种张力，这说明，歌德并不擅长写戏剧。但他自己曾说，他过于和善以至于不适合创作悲剧，描绘不可化解的悲剧式矛盾并不是他的风格。如果让他尝试去写悲剧，这简直会毁了他。相反，在席勒那里，法的理念及其紧张关系始终都是其戏剧的中心，尤其是

合法秩序与伦理自由之间的悖论。在波萨侯爵(Marquis Posa)[1]的宏论中,道德个体针对国家的自由主张已清晰可见,而在《威廉·退尔》(Wilhelm Tell)[2]中,那番关于那些高悬天际、如同星辰般不可剥夺、不可侵犯之权利的豪言壮语响彻云端。

但最伟大的德国法律作家是海因里希·冯·克莱斯特[3]。如果说在他的《破瓮》和《米夏埃尔·科尔哈斯》中还没有完全克服其本质上的过度和暴力的话,那么他在《洪堡王子》中就达致了法的悖论式对立双方的和谐均衡。大选帝侯与洪堡王子最终完全协调了他们的立场:王子最后认可了对于他因不服从(大选帝侯)而导致的死刑判决,而大选帝侯则出于慈悲的美丽神迹承认了通过违纪获得的胜利。法与慈悲、实际性与人性、普鲁士与南德最终处于一种美妙的和谐之中。

Ⅲ. 假如在戏剧中存在两种彼此相争之价值,即人性与法秩序的冲突,那么除了形成彼此对抗的分量均势外,也有可能出现一种要素的分量超过另一种要素的情形,世俗怀疑论或宗教激情可能会质疑,甚至否认法相对于人类、实际性相对于人性的价值。怀
211 疑主义对于法价值的解构最令人印象深刻地体现在阿纳托尔·法

[1] 波萨侯爵是席勒的悲剧作品《唐·卡洛斯》中的人物,卡洛斯的朋友。——译者

[2] 《威廉·退尔》是席勒的最后一部重要剧作,这部作品以 13 世纪瑞士农民团结起来反抗奥地利暴政的故事为题材,歌颂了瑞士人民反抗异族压迫、争取民族独立的英勇斗争精神。——译者

[3] 海因里希·冯·克莱斯特(Heinrich v. Kleist,1777—1811),德国伟大的剧作家、小说家、诗人。代表作品有剧作《破瓮记》《洪堡王子》,小说《米夏埃尔·科尔哈斯》《智利大地震》《圣多明哥的婚约》等。——译者

朗士[①]的小说《克兰比尔》之中，所有法律人都应该读读这本书。与此相反，托尔斯泰的长篇小说《复活》的主调则在于，根据从对《登山宝训》的激进解释而来的宗教激情对法予以否定。每个法律人都应当与这样一种对法的激进否定进行内心的商榷。对于法律职业来说，有必要在每个瞬间都同时意识到它的崇高性和它深层的问题。

参考文献：H. Fehr，Das Recht in der Dichtung；G. Müller，Recht und Staat in unserer Dichtung，1924；Dietlinde v. Künßberg，Das Recht in Paulis Schwanksammlung，Heidelberg phil. Diss. 1939；Th. Würtenberger，Die deutsche Kriminalerzählung，1941；Radbruch，Gestalten und Gedanken（里面有关于《量罪记》及关于歌德与法的内容）；进一步参见埃里克・沃尔夫（Erik Wolf）和欧根・沃尔豪普特（Eugen Wohlhaupter）关于每位作家的各种著述；Ingeborg Becker，Die Todesstrafe in der Dichtung H. v. Kleists；ungedr. Friburger Diss.

① 阿纳托尔・法朗士（Anatole France，1844—1924），本名蒂波・法朗索瓦，法国作家、文学评论家、社会活动家。主要作品有小说《苔依丝》《企鹅岛》《诸神渴了》等，1921年获诺贝尔文学奖。——译者

第十章　当代法哲学问题

§32　作为法律概念的人性

一战时有位下士曾向他带的新兵讲过这么一句重要的话:“我会尽可能地照看你们,但这并不是要蜕化为人性!”可见在当时人性的概念就已经被贬低了。随后,格里尔帕尔策尔[①]的预言令人惊骇地实现了:“德意志教育的道路从人性出发,经由民族性而沦为兽性”。纳粹的三句座右铭同样表达了对人性和人权的否定:“法就是对人民有利的东西”“集体利益优于个人利益”(我们也可以补充道:它也优于每种个人价值)、“你什么也不是,你的民族才是一切”。

人性的概念有着一段令人自豪的历史:继受了希腊文化的罗马人新创了“humanitas”一词,这是西塞罗[②]最喜爱的一个词,在他

---

① 弗朗茨·格里尔帕尔策尔(Franz Grillparzer,1791—1872),奥地利著名作家、戏剧家,被称为“奥地利国民作家”,著有《金羊毛》《穷乐师》等。——译者

② 马库斯·图留斯·西塞罗(Marcus Tullius Cicero,前106—前43),古罗马著名政治家、演说家、雄辩家、法学家和哲学家。公元前63年当选为执政官,在后三头同盟成立后被三头之一的政敌马克·安东尼(Marcus Antonius,前82—30)派人杀害于福尔米亚。著有《国家篇》《法律篇》《论演说家》《论题篇》等。——译者

那里意味着希腊文化意义上的人的教育和精神教育。奥卢斯·革利乌斯让我们相信，在他的那个时代“humanitas”这个概念在与希 212
腊语“Paideia”（即科学与艺术[bonae artes]的教育）等义的意义上被改造，具有了希腊语“博爱”（philanthropia）的含义。人性的概念被人文主义（Humanismus）所更新。现在，人性意味着习得古代文化价值，即人文学科（humaniora），也就是说再次像西塞罗所认为的那样意味着一种特定的精神和伦理教育。人道主义（Menschenlichkeit）的观念第三次在我们古典时代的新人文主义中获得了支配性意义，这里面少不了共济会思想，尤其是体现为莱辛的《智者纳坦》和莫扎特的《魔笛》之中的共济会思想的协力。赫尔德[①]的《人道书简》、歌德的《伊菲格尼》、威廉·冯·洪堡[②]关于人文高中的观念则构成了人性思想进一步被更新的阶段。首先是康德在人的尊严的意义上塑造了人性的思想：每个人都应当被作为自身的目的而受到尊重，而不能被仅仅当做实现外在目的之手段来使用。故而这一思想具有三个面向：作为与不人道的残暴相对立的博爱（人文主义）、作为与不人道的屈辱相对立的人的尊严，以及作为与不人道的文化毁灭相对立的人的教育。人性的概念变成了一个法律概念，这在法秩序中体现于三处：

1. 在人权中，作为对履行义务必不可少之外部自由和人的尊

① 约翰·哥特弗雷德·赫尔德（Johann Gottfried Herder，1744—1803），德国哲学家、路德派神学家、诗人，德国文学史上狂飙突进运动的代表，著有《论语言的起源》《当代德国文学之片稿》和《评论文集》等。——译者

② 威廉·冯·洪堡（Wilhlem v. Humboldt，1767—1835），普鲁士教育大臣、语言学者、外交官、教育改革家。德国柏林大学创办者，最早领导了对德国古典教育的全面改革，开启了德国大学改革和发展的新路向，被誉为“德国现代大学之父”。——译者

严的保障。对此上文中已经论述过其必要性，参见§8，Ⅳ。

2. 在“反人道罪”（危害人类罪）中，就像它在《纽伦堡军事法庭宪章》和《盟国对德管制委员会第 10 号法令》中被规定的那样。在两处地方，都只是提及这一新的罪名并辅之以一些例证，但没有规定其构成要件。这些新的规定意味着授权法院，通过司法裁判清楚鲜明、合乎构成要件地形成反人道罪的具体类型。即使在今天依照德国法已具有可罚性的不人道的具体情形，如谋杀、伤害身体、侮辱、剥夺自由，在这一关于不人道的新视角下也获得了一种新的和深化了的认识，它在一种特别宽泛的刑罚框架内被表述。反人道罪被理解为针对人类的犯罪：即使这种犯罪是针对自己的国民或无国籍人进行的，也会产生一种国际法上的干涉权（干涉他国内政权），尤其是国际法院的判决权。人类对每个民族的统治是
213 否合乎人性承担了共同担保责任。

3. 在国内刑法上，人性思想也必须要得到表达。片面强调目的思想有悖于那种康德式的准则：每个人都必须被作为自身的目的而受到尊重。弗朗茨·冯·李斯特（Franz v. Liszt）已将**大宪章思想**（Magna-Charta-Gedanken）与目的思想相对立，前者指的是，刑法不仅致力于保护社会免受犯罪人的侵害，而且也要保护个人免遭任意专断之刑罚的侵害。在这种大宪章思想中包含了人性的概念。李斯特本人自然对将人性思想承认为一个独立的主导型思想有所顾忌。在刑法中最旗帜鲜明地主张人性的要求当属于莫里茨·李普曼[①]的功劳。一方面，刑罚必须将犯罪人作为人来尊重；

① 莫里茨·李普曼（Moritz Liepmann，1869—1928），德国刑法学家、汉堡大学犯罪学教授，著有《侮辱罪》《德国刑法的改革》等。——译者

另一方面，也抛出了这样的问题：刑罚对于它要惩罚的人来说意味着什么、对于整个社会（通过不人道的惩罚它可能会贬损其价值）来说又意味着什么？在此基础上，莫里茨·李普曼成为死刑的反对者——1933年之前的数十年间，他是最活跃的主张取消死刑的先驱。死刑就像所有肉刑（尤其是现在再次被取消的腐刑）一样，从人性的角度来看当被谴责，因为它将人贬低为一具纯粹的躯壳。但名誉刑，尤其是当它被施加于思想信仰犯时，同样意味着对人的尊严的侵犯。未来刑法学最重要的任务之一，就在于从人性思想出发对刑法问题作通彻思考。

参考文献：Süddeutsche Juristenzeitung, Sondernummer über Vbr. g. d. Menschlichkeit, 1947.

§33 社会法

社会法的思想指的不仅是针对低收入者的一种特别法，而且也指一种一般意义上的法的新类型。

Ⅰ. 社会法是关于“法上的人”的一种新观念导致的结果。立法者所构想的人的形象的变迁决定了法的划时代的变迁，没有哪一种法律思想的其他要素可以与之相比。因为法秩序不可能是为每个现实的个体和个体性的所有变化来量身定制的：“让所有人都满意是不可能的”。如果人们从每个具体的人的具体个人特征为出发点，那就必然会导致对法秩序的否定，最终导向无政府主义。214
每种法秩序毋宁必然要从一种一般的、平均的人的形象出发。

如果人们将注意力投向特定法秩序是如何塑造主观法（权利）和法律义务的，那么就可以辨清作为这一特定法秩序之基础的人的形象。法秩序对于权利的知察和对法律义务的遵守一样倚重。当法秩序相信能够通过相互平衡的人类动机来期待满足其意愿时，它就会赋予权利；而当它假定这些欲望违背了它的意愿时，它就会强加义务。也就是说，它通过它所证立的权利和义务清晰地让人认识到，它为人类预设了何种既定和现实的动机，从而揭示出它所构想的人的形象是什么。

Ⅱ.例如个人主义法律观取向于被认为十分精明、十分自利和孤立的人，他与其他所有人一样，彼此间缺乏社会联系。这幅形象与古典政治经济学中关于“经济人”的虚构相一致。

这种虚构在法律交往的一种角色中变成了社会现实：商人。事实上，商人是唯一受自利和精明、逐利和计算驱使的远离社会联系之个人的代表：“商业无社交”。个人主义的法倾向于将每个法律主体都理解为商人并作为商人来对待，赋予商法对于整个民法的典范意义。

但个人主义风格的法体现得尤其明显的地方却是民事诉讼。假如法是一种社会生活的形式，那么民事诉讼就是这种形式的形式，是最高力量的形式，因而对于时代精神的变迁尤其敏感。个人主义民事诉讼的典型特征在于严格贯彻辩论主义。它使得诉讼成为诉辩双方力量自由较量的游戏，将诉辩双方视为两位老练的棋手，两个圆滑、受理解透彻之自我利益驱使、彼此势均力敌且不需要法官支持的对手。

在刑法中，个人主义法律观尤其表现在费尔巴哈的心理强制论中，它预设了这样一种人，他们可以对有计划之犯罪结果的快乐值和痛苦值进行有意识的计算，以实现他们被理解透彻的自我 215
利益。

在国家法中，个人主义思想体现在社会契约之中，后者不外乎是一个国家的虚构图景，它可以在面对每个个人之被理解透彻的自我利益时为他的同伴辩护。

只有亲属法，即使身处个人主义的时代，也不仅仅以受自利驱使的精明的人的形象为出发点。亲属法相信，可以将妻子的权利委托给丈夫，将孩子的权利委托给父母，并期待丈夫和父母会合乎义务地践行这种委托权。它认为在丈夫和父母的人格中存在着爱和责任。

同样，公法也不会不加限制地以经济人的观念为基础。当那句众所周知的标语说“选举权就是选举的义务”时，很清楚的是，就像亲属法一样，公法在进行授权时同样以一种不仅为利益，而且为义务所决定的人的形象为出发点。

Ⅲ. 这种关于人的个人主义观念的表述就是“人”(Person)这个法律概念。这个概念是个平等性的概念，通过它就将人的所有差异都抹平了：人同时是拥有者和非拥有者、弱小的个体和超级强大的联合人(Verbandsperson)。通过人的概念考虑到了所有人的法律平等、平等的财产自由和平等的契约自由。但在法律现实中，经济上具有优势地位一方的财产自由会从一种对物的支配自由转变成一种对人的支配自由；谁掌握了生产资料、能提供工作机会，谁就能支配劳动力。我们将不仅能赋予支配物的权力，而且能赋予支配人的权力的财产称为“资本”；与财产自由联系在一起的契约自由在社会现实中是社会强势者的支配自由，是社会弱势者对支配的依附性。故而在“人”这个形式平等概念的基础上，财产自由与契约自由一起构成了资本主义的法律基础，也构成了事实不平等的法律基础。

Ⅳ. 人们在自由主义的法律时代已经逐渐清晰地认识到，并非所有人都吻合那幅虚构的个人主义的形象。因而为这幅形象量身定制的法会有损于其他的形象。社会法在高利贷立法中找到了
216 它的第一个突破点，这部法意图让草率借贷者、经验不足者、陷于困境者能够自我保护。向同一方向迈出的下一步是通过防止对经济弱势方之劳动力的剥削来限制契约自由。例如劳动保护立法为童工和女性劳动者设立了门槛，缩短了劳动时间，并引入了周末休息制度。

不久，社会思想在民事诉讼中同样开始发挥影响。弗朗茨·克莱恩[①]在奥地利实现了一种社会民事诉讼活动的思想，这种民事诉讼不再以诉辩双方的自由对峙为基础，而毋宁让法官在诉讼过程中发挥协助和引导的作用。

Ⅴ. 沿着这条发展路径不断前进，就出现了一种新的人的类型作为立法的出发点：具有社会联系的集体人（der kollektive Mensch）作为社会法的基础。

1. “人”这个个人主义式的平等性概念被分解为不同的类型。

① 弗朗茨·克莱恩（Franz Klein，1854—1926），奥地利法学家、高等教育家和政治家，著有《民事诉讼实践讲义》《宪法与股份有限公司法的新发展》《当代组织的本质》等。——译者

在这一“人”的概念的具有抹平功能的抽象化构造的背后，个人的特征是一目了然的。社会法不仅认可“人”，而且认可雇主与雇员、工人与职员，社会性的刑法不再仅认可犯罪行为，而且也认可偶犯与惯犯、可以挽救者与不可挽救者、完全责任能力者与不完全责任能力者、青年犯与成年犯。

2. 这些类型的构造首先使得个人的社会强势地位与弱势地位变得清晰，从而使得支持社会弱势者，为社会强权设立门槛成为可能。

3. 社会法的基本思想不再是人人平等的思想，而是要让两个不平等的人之间实现均衡的思想；平等不再是法的出发点，而成为了法秩序的目标。

4. 因此，经济领域不能再留给各方势力间的自由游戏，也即是私法去处理。几乎在每一种私人法律关系的背后都会浮现第三方利益相关者：大众。社会法的典型特征在于私法的公法化，也即是公法对迄今为止纯粹私人法律关系，如租户权益保障立法、住宅管理、价格监管的介入。

(1) 由此，公法和私法的优先关系发生了改变。对于个人主义的法秩序而言，公法只具有为私法提供一种微薄的支持框架的功能；相反，对于社会法而言，私法只是全能的公法内部的一块有 217
限的、有条件的、任何时刻都可以被剥夺的空间。

(2) 因而权利被赋予了一种社会义务的内涵，这不仅仅是一种伦理性的，而且越来越成为一种法律性的义务内涵。当魏玛宪法规定“财产伴随着义务。其行使必须同时有益于公共福祉”时，当亲权已一再被理解为受委托的混合性别教育时，社会法中对这种义务的履行就越来越通过法律强制的可能而得到确保，例如社会化、征收、对犯罪青少年的教养。

Ⅵ. 就像商法是个人主义法的典型一样，经济法和劳动法就构成了社会法的动力。这两个领域都不再立足于孤立的个体，而是立足于具体的、社会化了的人。就像已然提到的，它们的区别在于，经济法一定要限制社会强权，例如通过卡特尔立法，而劳动法则致力于保护社会弱势群体。

1. 作为一种迄今为止具有纯粹社会学性质的事实，劳动法已开始具有法学意义。“事物本质”(Natur der Sache)在这里同样对这种新的法律形式具有决定意义。

2. 在社会法中，“人”这个平等性概念背后的雇主与雇员、工人与职员的角色变得一目了然——体现在他们的社会定位，即结社为工会、雇主联合会、企业和全体员工之中。

3. 在雇主和雇员签订的单个契约背后，在法律上同样出现了作为其基础的工会与雇主联合会之间签订的集体劳动合同，即劳资协定。

4. 如果说根据个人主义的法，企业仅仅是同一雇主与彼此无联系的雇员之间签订的单个契约之和的话，那么在劳动法中，企业和全体员工就作为集合统一体出现在了法的视野之中，例如以劳资联合委员会组织法的形式。

5. 最后，劳动法的典型特征还体现在由（外行的）陪审员参与
218 审判。如果说陪审员在陪审法庭和陪审团中是作为“抽象的公民”、作为不顾及其社会地位的个体被委任的话，那么在劳动法院中陪审员就是作为以这样或那样的方式结社的、受制于社会等级

的人被委任的，雇主和雇员代表的是他们的等级。通过这种方式，每个法律争议就作为一种广泛的阶级斗争的个案呈现在中立的法官面前，即使雇主代表和雇员代表可能会通过形成相互多数票否决对方的做法来阻碍具体裁判的做出，法官也能通过对具体裁判之社会影响的这种推测做出比没有陪审员时更加合乎事实的裁判。

Ⅶ. 社会法的界限存在于那种优先于一切共同体法的法（权利）之中：人权，它的本质在于确保外部自由，从而使得道德行为的内部自由成为可能。没有财产就没有自由，财产权是一种人格权、人格的投影和人格的表达。即使是社会性的和社会主义的法律观也只是反对资本主义的私有财产权，即从一种纯粹的物权蜕变为支配他人的私有财产权，而不反对手工业者和农民对于生产资料的所有，更不反对个人对于商品和消费品的私人财产权。因而即使是社会主义法秩序也确保了私法不会丧失其地位。

参考文献：Radbruch, Der Mensch im Recht, 1927; Vom individualist. zum sozialen Recht, Hanseat. Rechtsztschr., Jg. 73,1930;Kulturlehre des Sozialismus,2.Aufl.,1927.

§34 民主思想

Ⅰ. 按照凯尔森[①]的学说，民主思想的出发点在于相对主义。民主主义是这样一种意愿，即在不考虑人们政治态度的前提下将统治国家的权力交给各种情形中的多数人。因此，民主国家不会受制于特定的目的性态度，它是去意向化的，中立于一切世界观的。故而在1933年一种民主国家的反民主多数掌握了权力，并使得它服从于自己。必须承认，民主并非是去意向化的，毋宁是一种独特的政治意向。在相对主义、中立性、容忍的思想背后，矗立着
219 自由这种积极价值——作为对法治国之肯认的自由、作为人格之养成所的自由、作为文化创作之基础的自由。自由是民主意向的总体。对民主的这种自由激情的最优雅、最深入的表达无外乎通过修昔底德[②]流传下来的伯里克利[③]的《葬礼演说》，无外乎伟大的

① 汉斯·凯尔森(Hans Kelsen，1881—1973)，20世纪著名奥地利裔犹太人法学家，纯粹法学的创始人。曾参加起草《奥地利共和国宪法》，担任奥地利宪法法院法官，开创了司法审查的专门机构(宪法法院)模式。著有《纯粹法学》《法与国家的一般理论》《规范的一般理论》等。——译者

② 修昔底德(Thukydides，前460/455—前400)，古希腊历史学家、思想家，以《伯罗奔尼撒战争史》传世，该书记述了公元前5世纪斯巴达和雅典之间的战争。——译者

③ 伯里克利(Perikles，前495—前429)，是雅典黄金时期(希波战争至伯罗奔尼撒战争)具有重要影响的领导人。他在希波战争后的废墟中重建雅典，扶植文化艺术，现存的很多古希腊建筑都是在他的时代所建。他的时代也被称为伯里克利时代，是雅典最辉煌的时代，产生了苏格拉底、柏拉图等一批知名思想家。——译者

美国总统亚伯拉罕·林肯（Abraham Lincoln）[1]的《葛底斯堡演说》和戈特弗里德·凯勒[2]的小说《七君子的小旗子》。

Ⅱ. 民主的本质在于，国家权力来源于人民，即所有的国家机关都直接或间接地产生于人民的选举。但无论是选举还是全民公决都离不开一种预分级机制，用于候选人的提名和对实质性对立立场的暂时澄清。这一必要的工作只能通过政党来实现：人民的统治就意味着政党的统治。谁要反对政党的形式，谁就是在反对民主。

政治家和政务家必须确定政治的终极目标，因为这种目标并非清晰可证明，所以他必须自己对此做出决断。相反，行政工作人员必须确定和提供实现这些已设定之政治目标的手段，并可以为此追求一般的科学性。故而政务家和行政工作人员是两类根本不同，甚至相对立的人，当集权国家将政务家作为行政工作人员之公务生涯的最高等级时，或者当人们后来提出"专业部长"的要求时，就包含着内在的矛盾。政治专业人士恰恰就是那些经常被谩骂的职业政治家或"党魁"，故而将民主讥讽为官僚统治是毫无意义的。

相反，对我们现今的政党制度进行批评则是合理的。我们完全有理由谴责现在政党数量太多、机制僵化。

---

① 亚伯拉罕·林肯（1809—1865），美国第 16 任总统，领导了拯救联邦和结束奴隶制度的伟大斗争。——译者

② 戈特弗里德·凯勒（Gottfried Keller，1819—1890），瑞士作家、现实主义诗人、民主主义者，思想上受德国哲学家费尔巴哈影响。《苏黎世中篇小说集》主要取材于瑞士历史，其中最著名的《七君子的小旗子》却以瑞士建立联邦政府后的生活为题材。小说通过 7 个反封建老战士组成小团体的活动以及新老两代之间矛盾的解决，歌颂了瑞士的民主主义制度。——译者

1. 政党数量过多证明有必要组建联合政府，但联合政府必然依附于议会和议会党团。联合政府必须持续去看顾而非领导其追随者，并查验支持自己的政治同盟是否出现了某些裂缝。只有能得到绝对多数支持的政府才是强势政府，形成这类政府的前提是只存在两个政党（美国的双政党体制，以及在今天基本如此的英国）。

220 2. 更为有害的是我们政党体制的僵化性。相比于完全不僵化的法国政党体制（无纲领、无固定的组织），相比于半僵化的英国体制和美国体制（固定的组织、但不受固定纲领的拘束），德国在今天依然还是一种完全僵化的政党体制。德国政党是世界观政党，它们从集权国家过渡而来，在这样的国家中它们只需要演讲，不需要说出什么东西。所有政党都相信自己作为全能型政党必然有资格来实现持久的专制；他们的行为表现得就好像自己是单政党国家的潜在竞争者，但“政党”（Partei）恰恰意味着“部分”（Teil），即部分真理、单面性。政党的必要特征在于政党之执政权的更替，借此那些部分真理和单面性连续不断地相互补充。

Ⅲ. 我们政党的上述两个弊端以一种关于选民的错误观念为基础。选举并不意味着信仰，而是关于应当由哪个政党来统治的决断。基于这种错误的选举观念——即选举是一种信仰，是对人民中流行之信念的一种微缩显现——之上的是比例选举权。它实现了某种数学式的正义，但却违背了政治合目的性。如果选举是关于应当由哪个政党来统治的决断，那么选举的结果就必须是由有统治能力的政党，即绝对的多数胜出。因此应当是一次投票后的绝对多数，不得已时才通过二次投票来产生。

Ⅳ. 民主取代了以专制国家或宪政国家之形式存在的集权国

家。在后面这类国家中，国家权力并非来自于人民，政府并不依赖于议会和选民的信任，而是依赖于国家首脑的信任。

根据三种不同的区分视角，可以将民主分为不同类型：

1. 直接的和代表式的民主：直接民主只能在小型国家结构中彻底实现，例如瑞士小州的“州民大会”[①]。但在代表式民主的框架中，可以将关于全民公决的决议和全民公决规定为直接民主的表现形式。

2. 权力分立和议会民主：在议会民主制国家，如英国，政府依赖于议会的信任。君主或总统只是（国家）的代表者，议会君主制与议会共和制在政治上不存在本质差异。更具决定意义的是议会民主制与分权民主制之间的差别。在分权民主制国家，如美国，行 221
政机关与立法机关严格分离，国务卿由通过人民选出的总统自由决定，并不需要获得议会的信任。德国对于议会主义未曾有过令人振奋的经历，但分权式的总统共和制对于德国而言或许更加危险，因为德国人对其领袖缺乏必要的民主不信任，因为他们总是倾向于将政治行为和政治责任有理由或没理由地推给被视为伟人的政治领导人。故而人们必须回到议会统治的形式上来，但应当强有力地确保政府相对于议会的权威性与稳定性。

3. 中央集权式的和地方分权式的民主：与统一的民主国家相对的，是作为地方分权式民主国家的联邦国家（以各种联邦主义形

① 州民大会（地方集会之意，又译邦民大会或露天州民大会等），是部分瑞士州所使用的一种古老且简单的形式。参与集会者是州内拥有投票权的选民，举手表决为其投票方式。只有 8 个乡村地区的州曾经使用州民大会来决定全州事务。其中有 6 个已因为施行等问题而废除，目前只剩格拉鲁斯州与内阿彭策尔州还在使用当中。——译者

式存在),例如美国和迄今为止的德国。民主制度中的地方分权也意味着城市和村镇的自治,它以冯·斯泰因[①]的《普鲁士城市条例》为开端。作为一位不那么具有建构性的德国政治家的作品,也作为大市市长的一种特别成功的地方政治的可靠基础,德国人的这一伟大政治成就可以构成重建德国的出发点。

参考文献:Max Weber, Politik als Beruf; Radbruch, Die politischen Parteien, in Anschütz und Thoma`s Handbuch des dt. Staatsrechts, Bd. Ⅰ, 1930.

§ 35 世界法

Ⅰ. 如同国际联盟一样,只有当如下条件得到满足时,联合国才会有成功的希望,尤其是确保持久和平的希望:能够有超越国家的人来完成那些超越国家的宏大任务。用标语式的方式来总结的话,可以说迄今为止的和平运动的缺陷在于,想要在出现一种超越国家的共同体意识之前就创设出国际争端裁判机制。仅仅是国家间的无偏私性不足以构成调解(调停)的出发点;在此基础上也可以产生和解(妥协)这一解决办法,它同时向双方分配不公(不法)。
222 这绝非真正的争端裁判机制,因为后者要仔细区分法(公正)与不

① 海因里希·弗里德里希·卡尔·冯·施泰因帝国男爵(Heinrich Friedrich Karl Reichsfreiherr von und zum Stein, 1757—1831),普鲁士王国民族主义者和民主主义政治家、改革者。和卡尔·奥古斯特·冯·哈登贝格以及弗里登·冯·蒂尔斯伊特一起,是普鲁士1807年改革的主要推动者,挽救了即将灭亡的普鲁士王国。——译者

法（不公）。为了不仅保持无偏私性，而且具有超越党派性，法官和调解人必然不仅要将相争之利益相互衡量、彼此均衡，而且他们必须要从一种位于两者之上的利益的高度来裁判——即从一种超越国家的共同体意识的立场出发。当今日益倍增的国家间关系尚未能产生这样一种超越国家的共同体意识，相反，它们加大了国际摩擦的可能和战争的危险，而从中世纪之后，超越国家的共同体意识反而变得越来越弱。

政治将国家彼此分开，文化将它们相互联结在一起。在民族国家间的关系之外，曾有一个体现它们共同文化的超国家组织——中世纪的天主教会。那时，整个基督教界是一个团体性的宗教统一体，而大量的国际范围内的宗教专门组织，尤其是修士会，都横跨不同国家。但在教会的外衣之下，是整个文化在寻求保护和照顾，并由此部分分享了教会的超国家性。基督教艺术具有欧洲统一性，所有国家都同等程度地参与了审美感的变化过程。一种体现教养的世界性语言——拉丁语，使得统一的欧洲学术和统一的欧洲文献成为可能。得到教皇资助的大学将所有国家的学者都联合在学术讲台之前，他们无需顾及国家和语言的界限，就可以从一个欧洲大学迁徙到另一个欧洲大学。在这些大学的影响下，一种国际性的法，即罗马-教会法开启了它对于欧洲的统治。只有在宗教改革之后，国家才成功地将教会从一个又一个的文化领域中驱赶出去，并将自身结合为一体。今天至少还有一个文化领域以教皇主权（它曾代表着与各国家相对的文化整体）的形式与其位于国际法领域的高峰一并耸立着：宗教。国际法学习惯于将教皇主权视为一种只有通过历史才能澄清的异常现象：只有国家

才是真正的国家法主体，教皇只是像一个国际法主体那样被对待而已。即便梵蒂冈建国，也改变不了这一点；教皇只是作为精神世
223 界的掌权者，而非作为梵蒂冈这一袖珍国的首脑才获得主权。但教皇作为一个精神掌权者的主权实际上并不仅仅是一种历史的残余，它毋宁应当被视作充满前景的再造国际法的榜样。适合于罗马-天主教形式之宗教的东西，不仅应当获得所有其他形式的宗教，如其他基督教会之整体的赞同，也应当获得所有其他文化领域的认同。例如，“学者共和国”和“世界文学”不能仅停留于观念或空话的层面，而应当被建制化，即将其作为与国家处于同一位阶的国际法主体（教皇同样有权成为这种主体）来对待，或者在世界开放观念中作为有如此分量的私法人以至于它的声音在各国际理事会中不能被忽略。

只有当人们从依其本质超越国家的权力、学术和艺术、宗教和法，最后还有经济（这可能是一种特殊的资本）出发时，即从资本一方也从劳动力一方出发时，超越国家的共同体意识（它构成了每种有效之国际法和平事业的前提）才有可能形成。人们可能会问，为什么迄今为止的“知识分子”拥有如此淡薄的超国家意识，他们反而恰恰大多是民主主义的狂热分子，尽管知识分子所承载的价值具有超国家性。但人类精神总的来说是依赖于他人的，没有足够的勇敢来作为个体寻找他自己的道路，而是依赖于他们可以效仿的领袖人物和集团。只有当超国家的文化价值在一班子杰出的文化代表（恰恰是他们超越了国家的历史使命）那里获得了个人和社会的形态时，它们才能成为一种超越国家的共同体意识的出发点。必然有一些人，他们乐意跳出国家的边界之外（只要能够立志这样

去做)，与跟他们拥有相同意识的人一起服务于超国家的事业。他们的任务不仅在于合乎目的的国际“智识合作”，而毋宁更要在其人格和事业中以令人印象深刻的方式显示出他们对于托付给他们的文化领域的全部超国家激情。谁要是认为在超国家价值的世界中，这种从国家的母体中生长出一个个伟人的现象是令人讨厌，甚至是令人气愤的，谁就要清楚地认识到，这样他就否定了一切国际法进一步发展的首要前提。只有当法律共同体的特定成员不仅满 224
足其特殊利益，而且满足每种秩序都赖以为基础的法律意识时，法秩序才可能存续。超国家法秩序必须要在一批超国家之人的身上得以体现。只有当首先存在世界公民时，才可能存在世界法官。

无疑，国家与文化团体并立为国际法主体，这会导致严重的紧张关系，就像国家与教会的并立已然显现的那样。如果没有出现这样的紧张关系，那么这一组织整体上的双重性或许终究就是无意义的。超国家文化组织的意义恰恰在于，提醒从本质上追求完整性的国家注意文化自治为其设定的界限，并将超国家的共同体利益与具体国家的利益、多个国家间只是偶尔具有共同性的利益相对立。迄今为止尚难以期待，国家会自愿与如此令人不快的提醒者结伴而行，共为国际法主体。只有一种强有力的超国家激情(它在开放的思想中可能会找到强烈共鸣)才能迫使文化团体获得国际法上的承认。我们现在所亲历的正是这样一种激情时刻。二战的顶峰，即原子弹爆炸带给我们的令人毛骨悚然的体验将我们置于了两种选择之间：世界和平或者世界末日。我们不能放弃这种希望：世界上的有识之士仍会及时地把握并驱走人类面对的可怕危险及其精神。

Ⅱ.相比于联合国,纽伦堡审判彰显出未来,尤其是确保和平的更大希望。在纽伦堡审判中,垮台的不法国家的恐怖景象通过英美司法的客观榜样精神无可避免地展现在每一个不愿有意闭上眼睛的人面前。它对于未来国际法的价值体现在三种思想之中。

1.它帮助我们获得了这样一种认识:国际法不仅对于国家具有拘束力,而且对于政治家和公民个人都具有拘束力,从而促使国际法从一种国家间的法发展为一种世界法。

2.它在那种古老的国际法上的不法类型,即战争罪之外,添上了两种新的类型:发动侵略战争罪和反人道罪。在国际法上的
225 干涉权和对于反人道罪的国际司法管辖权中,可以看到从国际法发展为世界法的另一步进展,即这样一种认识:反人道罪即使只是针对其自己的国民犯下的,侵害的也是整个人类。

3.最后,为了避免政治家和其他人犯下国际法上的不法行为,纽伦堡审判还创设了一种国际刑法。备受指责的是,新的国际刑法有悖于罪刑法定原则,因为它以溯及既往的方式生效,它与盟国对德管制委员会强行要求德国刑法所恢复的罪刑法定原则是相矛盾的。这种反对意见没有认识到,禁止制定溯及既往之新刑法的禁令只适用于刑法典的情形,而不适用于尚处于形成过程中的作为法官法的刑法。对于法官法而言,上述原则没有适用的余地,它也不适用于德国法官法的情形;例如,在德国就没有人将这种情形指责为溯及既往的:帝国法院的司法实践将直至当时仍被视为不可罚的不正当合同欺诈行为宣告为具有可罚性,并必然和毫无疑问地将这一新的法律思想运用于先前的案件,这些案件促发了

新的司法实践，但其本身涌现时旧的法律观仍旧占据支配地位。此外，国际法的特征恰恰在于，它并不怎么通过抢先性的法律创制来被续造，而更多是通过从个案到个案的渐进式法律形成来被续造的。

当然，纽伦堡的杰作只是个开始：它所启动的国际法上的更新只有如此才能得到巩固和强化，即它在未来不是被某个战胜国的军事法庭适用于战败国的政治家和公民，而是被某个国际法院适用于未被战胜和拥有强大权力的违法者。美国首席检察官罗伯特·H.杰克逊[①]在这家国际军事法庭[②]上的第一次发言中就已经清晰地表明了这一点："这部法律尽管在这里主要适用于德国侵略者，但它包含着，也必然（假如它想要有用的话）包含对于所有其他国家之侵略行为的严厉谴责，不排除今天坐在审判席上的这些国家"。

§36　超制定法的法

参考文献：Radbruch, Gesetzliches Unrecht und übergesetzliches Recht, Südd. Juristenzeitung, 1946.

实证主义——我们可以用标语式的公式"法律就是法律（制定 226
法就是制定法）"来归纳它——曾使德国法学界和司法实务界毫无自卫能力，来抵抗如此的残暴和专横，它只是被当时的掌权者披上

① 罗伯特·H.杰克逊（Robert Houghwout Jackson, 1892—1954），美国政治家、法学家。于1940—1941年担任司法部长，1941—1954年担任美国最高法院大法官，在纽伦堡审判中担任美国的首席检察官。——译者

② 即纽伦堡法庭。——译者

了制定法的外衣，而在对于这类制定法之不法的效力进行嗣后法律清理时，依然存活的实证主义仍一再带来新的麻烦。

纳粹不法国家的垮台使得德国司法实践一再面临传统实证主义无法回答的问题：应当继续维系“纽伦堡种族法”[①]所施加之惩罚措施吗？在纳粹当时基于有效法对于犹太人财产的剥夺行为今天依然具有法律效力么？我们是否应该承认这样一个判决的法律效力：依据纳粹司法机关的认定，偷听敌台的行为要作为叛国罪被判处死刑？直到今天我们也必须将导致他人被判处死刑的告密行为依然视为合法么？那封非正式的信件——借此希特勒以要求严格保密的方式拉开了集中营大屠杀的序幕——对我们而言仍然具有如同制定法般的意义么？今天我们仍有必要让一个被赦免的犯罪行为——通过这种赦免，获得执政权的政党取消了对自身犯下之犯罪行为的刑罚——处于不可罚状态么？一个只由一党统治却阻碍一切其他政党存在的国家还是一个法律意义上的“国家”么？

传统法律实证主义会借由立法来解决这些问题。事实上，的确有一部分问题通过美国占领区关于修复纳粹不法和惩罚纳粹犯罪行为的制定法，通过《纽伦堡军事法庭宪章》和《盟国对德管制委员会法令》得到了清理。但恰恰是实证主义对此提出了第二种反对意见，即这些制定法自身具有溯及既往的效力；对于这一反对意见只能通过如下证明来反驳：当那些事实出现和那些罪行被犯下时，即使这些制定法本身尚不具有效力，它们的内容也已经具有效

① “纽伦堡种族法”是1935年9月颁布的《帝国公民法》和《德意志血统和尊严保护法》的统称。——译者

力了，因为它们在内容上吻合一种超制定法的法，无论人们愿意将这种法具体称呼为什么都无所谓——是神法和自然法也好，理性法也罢。

故而在经历了上百年法律实证主义的时代之后，一种超制定
法的法的理念（以此来衡量，即便是实在的制定法也可以被认定为
制定法的不法）再次被强势复兴了。正义在多大程度上要求将与
之相违背的实在法规视为法律上无效，法的安定性就在多大程度 227
上提出这样一个相反的要求，即制定法尽管不正义但也要被承认
为有效。对于这一问题我已经在本书的前面章节中做出了回答。
这一回答的倾向性从这一点就已经可以看出了：在课程目录中，这
门《法哲学导引》还有一个副标题，它已经几十年没有被用过了，那
就是：自然法。

附　录

法哲学中的相对主义 17
(1934 年)

在我们这样一个时代,将自己命名为“相对主义”(Relativismus)是需要勇气的。我们进入到了一个所谓绝对价值的时代。从这样一些价值出发,人们对于相对主义的评价总的来说很低,甚至是蔑视。微笑的怀疑主义者的形象已不再折射出智者的理想。人们认为相对主义缺乏说服力,缺乏个性。为了消除这种误解,本文将说明,相对主义绝不缺乏说服力,毋宁说显示出一种强的,甚至是具有攻击性的说服力。

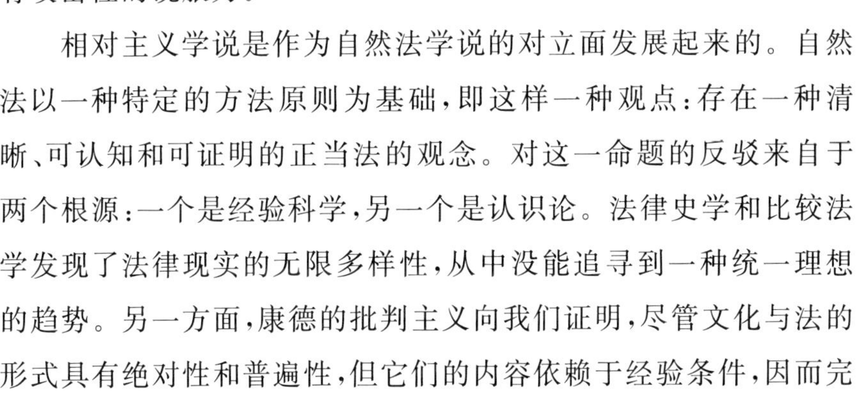

相对主义学说是作为自然法学说的对立面发展起来的。自然法以一种特定的方法原则为基础,即这样一种观点:存在一种清晰、可认知和可证明的正当法的观念。对这一命题的反驳来自于两个根源:一个是经验科学,另一个是认识论。法律史学和比较法学发现了法律现实的无限多样性,从中没能追寻到一种统一理想的趋势。另一方面,康德的批判主义向我们证明,尽管文化与法的形式具有绝对性和普遍性,但它们的内容依赖于经验条件,因而完全是相对的。

因而法哲学中相对主义的出发点在于,关于正当法的每种内容性观点都只有在特定的社会情境和特定的价值体系中才能成立。社会环境在不停变迁，相反，价值体系的数量却是有限的。因而我们有可能来建立一套完整的针对特定社会情境的评价体系。但我们不能以一种科学的、可证明的和不可反驳的方式来对这些可能性做出决定，在它们中加以选择只能通过决断来进行，这种决断深受个人良知的塑造。这意味着，相对主义放弃了对理论理性的追求——但更加强烈地听从于实践理性，这是科学思维的界限——但这并不是道德意志的胆怯或疏漏。相对主义一方面呼吁
18 要反对其对手无法证明之确信，另一方面也提醒要尊重其对手被证明无可反驳之确信：一方面是坚决的斗争，另一方面是判断上的宽容和正义——这就是相对主义的道德。

这就是相对主义的方法，它在德国法哲学中的代表是马克斯·韦伯、格奥尔格·耶利内克、汉斯·凯尔森和赫尔曼·康特洛维茨。

但相对主义不只是法哲学的一种方法，它同时也构成了法哲学体系框架中的一个系统元件。相对主义不是一种简单和纯粹的不可知论，它包含了更多东西：实质洞见的一种丰富的来源。首先，相对主义是实在法之拘束力唯一可能的基础。假如存在实在法，存在一种清晰、可认知和可证明的法律真理，那就绝无法看出，为何与这种绝对真理相矛盾的实在法依然应当具有拘束力——就如被揭去遮羞布的错误在面对被显露出的真理时那般。实在法的拘束力恰恰只能建立在这一事实的基础上：正确法既无法被认识，也无法被证明。因为一方面对于不同法律确信之真假进行判断是不可能的，另一方面所有法律成员都需要一部统一的法，所以立法者就面对着这种必要性：要用一把利剑来斩断科学无法解开的戈

耳迪之结(der Gordian Knoten)[①]。因为无法确认什么是正当的，所以就必须来确证什么是合法的。必须用一种权威行为来取代一种不可能的真理行为。**相对主义导向了实证主义**。

但同时，相对主义也提供了一种对实在法进行衡量的批判标准，以及实在法有义务与之匹配的要求。我们已经说过：立法者的决定并非是真理行为，而是意志和权威行为。他可以赋予一种特定的观念以拘束力，但无法使人确信这种力量；他可以结束相争之双方的权力斗争，但无法结束观念斗争。对于观念斗争的决定超越了立法者的能力。将立法权委托给立法者的前提条件在于，不去触及不同法律确信之间的观念斗争。相对主义一方面给予国家立法权，另一方面也对它进行限制，即要求国家尊重法律服从者的 19
特定自由：信仰表达的自由、出版自由。**相对主义导向了自由主义**。

对于那些对立法者一方所采纳和认可之观念并不信服的个体而言，实在法就只是意味着纯粹的暴力，而非道德权威。更准确地说：它只拥有这种最低限度的权威，即来自于其建立秩序和安全的功能，且这可以由于(依照个人的确信在实在法中所包含的)可能之不正义的严重程度而被否弃。这一事实在刑法上导致了重要结果。无论是通过刑罚的报复还是教养都受制于这样一个前提：它是由在道德尊严上地位更高的施加惩罚的国家向道德价值上位阶更低的应予惩罚的犯罪人实施的。拥有与国家所采纳之确信相反之确信的犯罪人，也即政治犯与社会犯，并非是道德价值上的劣等

① “斩断戈耳迪之结”来自于希腊典故，意为“快刀斩乱麻”“大刀阔斧，果断处置”。——译者

人，他们只是想法不同而已。因此在信仰犯的情形中，报复和教养的刑罚目的得不到实现，恐吓的任务同样会失败——因为殉道对于信仰犯而言通常总是让人心动的。对于国家而言剩下的措施只能是拘留，而这对于信仰犯并无损伤。拘留更多具有斗争措施的性质而非是一种刑事处罚，是一种内战中的囚禁。**相对主义需要一种针对信仰犯的特殊刑法。**

实在法是一种权威行为，它服务于社会秩序和法的安定性，并保证能终结信念之间的斗争。但只有在这种前提之下，实在法才能满足这种保证的任务：它不仅对于法律服从者具有拘束力，而且对于立法者本身同样具有拘束力。如果立法者能任意为制定法创设例外，法的定性就可能丧失。只有在此条件下，立法才能被委托给立法者：他本人也要受到制定法的支配。依照德国的法律语言，一个知道服从自身制定法的国家被称为法治国（Rechtsstaat）。**相对主义要求实现法治国。**

我不必去详细证明，没有权力分立就没有法治国。如果行政
20 组织拥有立法权，它就可以随时从应当拘束它的制定法中摆脱出来。因为**相对主义要求实现法治国，所以它也同时要求实现权力分立。**

相对主义主张，不同的政治和社会确信在内容上的真是无法从科学上被认知的，因而所有这些确信都必须被视为是等值的。但将这些确信视为等值就意味着将人和人平等对待。人和人之间在地位、等级、种族方面不平等的根基，不外乎是他们在智识上和道德上对于一种假定清晰之政治和社会真理的无感受性。但在政治现实中，人人平等只能近似地被实现，全体一致意义上的不受限制的实现是不可能的。因而政治平等导向了多数决机制，即民主。**相对主义要求一种民主国家。**

民主本身以相对主义为前提——汉斯·凯尔森以令人印象深刻和信服的方式证立了这一命题。民主是这样一种意愿，即将权力托付给任何一种能获得多数人赞同的信念，而不去追问，这种信念具有何种内容和价值。只有当人们将所有政治和社会信念认可为具有同等价值，即建立在相对主义的基础上时，这一立场才是前后一致的。

因而看起来我们就面对着一种无法化解的矛盾。相对主义看起来像自我毁灭了。它以一切政治和社会的信念和体系间实践的等值性，也即以民主国家、独裁国家、团体国家的等值性为出发点，但却导向了相对主义与民主的等值。

化解这一困境的办法来自于民主的形式性。放弃自由的自由为自由的观念本身所包含。因而一种独裁制度可以用民主的形式来证立。民主既是多种国体中的一种，也是所有国体的共同基础。

但它不仅是一切国体形成的基础，也是一切国体存续的基础。没有任何国体可以彻底从其民主基础中解脱出来。今天的多数人无法证立一种对于明天和后天的多数人而言坚不可摧的独裁制度。任何人不能将大于自己的权利让与他人(Nemo plus iuris ad
alium transferre potest quam ipse habet)。民主可能会向一部独 21
裁的宪法投降，但它不会放弃确定这部宪法本身的权利。(因为)这不仅在社会学上是不可能的，而且在法律上也是不可能的。关于宪法之公民表决的权利是一种不成文的法，是每部宪法的缄默无声和理所当然的组成部分。

因而这种终极的民主、这种人民主权是——我们已经看到——相对主义不可动摇的结果。民主可以做一切——只是不能彻底放弃自己。相对主义可以容忍任何观念——除了主张自己是绝对的观念。由此产生了民主国家对待反民主政党的立场。它允许每一种乐于与其他观念进行意识形态斗争的观念存在,并因此承认它们彼此间是等值的。但如果有一种观念主张自己具有绝对效力,并由此动机出发相信自己有权不经多数人同意就攫取和维系权力,那么人们就必须以其自身手段与这种观念相斗争,不单单是通过观念和讨论,也要通过国家权力。相对主义意味着普遍容忍——只是对于不容忍不予容忍。

到目前为止我们的推演都是纯意识形态式的,缺乏对社会现实的考虑。我们为一切不同的法律信念都预设了一种平等的实现机会,只承认这些机会有一种差异:它来自于这些信念说服力上的差异,来自于这些观念在意识形态力量上的不同。但与一切信念间的这种假想的机会平等相对应的,是现实中的极端不平等。在观念间的竞争中,那些能获得社会力量——无论是资本还是大众——支持而具有影响力的观念将胜出。假如观念自身的力量、它的意识形态力量要被实现的话,那么人们就必须抵消所有这些非理性的力量。但是,摧毁一切非理性和反理性的力量,解放出观念天生的意识形态力量,实现从必然性到自由的飞跃,就是社会主义。故而相对主义导向了社会主义。

这里提出的其实都只是些传统的观念,但在我看来,它们包含着一种新的基础,即相对主义。无知的艺术(ars nesciendi)已再次证明其有益性,产生了一种逻辑上的奇迹:从虚无本身产生了一切。

我们从认识正当法之不可能出发，末了却要求获得关于正当法的 22
有意义的认识。我们从相对主义本身推导出绝对的结论，即对传统的古典自然法的要求。与自然法的方法原则相反，我们成功地证立了自然法的实质要求：人权、法治国、权力分立、人民主权。自由和平等这两种 1789 年的观念[①]再一次从似乎要淹没它们的怀疑主义浪潮中浮现。它们构成了不可动摇的基础，人们可能会一时远离它们，但总是必须一再地向它们回归。

① 自由和平等是 1789 年法国大革命的旗号。——译者

23

解释的类型
（1935年）

一个经验主义的时代倾向于将语言学解释（philologische Interpretation）视为唯一正当的解释方式。作为"对已被认知者的认知"，或者像奥古斯特·伯克所定义的那样更好地表述为，作为对先前已被思考之事的再思考，它完全是一种经验的方法，致力于对事实的确认，即现实中的人们实际上被思考的思想。

以这种经验标准来衡量，法律解释必然显得是成问题的，因为谁要是将一部制定法当作生活的规范，而非例如历史的丰碑来解释，谁就无法停留于对先前已被思考之事（其作者做出规定之事）的再思考。现代制定法并非由某个作者所创设，而是由许多人共同促使形成的，他们可以对制定法的内容抱有极尽不同的观点，但制定法只能在一种意义上被解释和运用。但即便是对于法律起草者在论证制定法时所表达出的观念不存在异议，它对于解释而言也不一定就是决定性的。就像嗣后解释者所做的那样，它只是一种没有拘束力的解释性尝试，而非决定性的解释手段。因为立法者（其意愿有待调查）并非法律起草者，而是国家；而国家并不在制定法的准备过程中发声，它只是在制定法本身之中发声。但制定法要比它的作者来得聪明，解释者相比于立法者能更好地理解制

定法。甚至他**必然**要比立法者更好地理解制定法。因为制定法也要求适用于制定法的作者压根没能预见的那些情形。但立法者的意愿并非解释的手段，而是解释的目标，立法者不外乎是对不可反驳之统一的制定法内容的一种虚构的表达。它不同于经验上的任何一个创设了制定法的人。霍布斯[①]认为，“立法者并非创设制定法之权威的人，而是使得制定法之权威得以延续的人”，从而表达出，立法者的意愿(就如它在制定法中说出的那般)可以随着历史的变迁而变迁，可以对新问题给出新答案，并通过改变调整方式来适应不断变迁的情境。故而法律解释并非对先前已被思考之事的 24
再思考，而最终是对已被思考之事的思考，是产生与再生产、理论与实践、认知性和创造性、客观与主观、科学与超科学要素的不可分解的混合。它从对制定法的语言学解释出发，为的是尽快超越它——就像一艘船在启航时会由领航员依照既定路线引领着穿过海港水域，但随之要在船长的指挥下在自由水域探寻自己的路线。

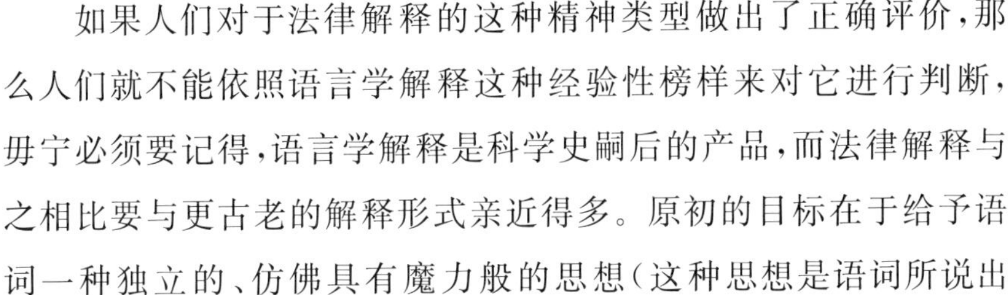

如果人们对于法律解释的这种精神类型做出了正确评价，那么人们就不能依照语言学解释这种经验性榜样来对它进行判断，毋宁必须要记得，语言学解释是科学史嗣后的产品，而法律解释与之相比要与更古老的解释形式亲近得多。原初的目标在于给予语词一种独立的、仿佛具有魔力般的思想(这种思想是语词所说出

① 托马斯·霍布斯(Thomas Hobbes，1588—1679)，英国政治家、哲学家，社会契约论的主要代表之一，创立了机械唯物主义的完整体系。著有《利维坦》《论公民》《论物质》《论政体》《论人》《论社会》等。——译者

的)。这些思想就如同一种意义隐藏在柜中的神谕,它对于不知底细者来说是不可认知的,只有在实现时才瞬间自明。有多少童话不是建立在对于言说者来说无意识的一语双关之上的呢!如果我们将一种自然神迹称为自然现象(它将偶然性作为意义的承载者),如一个有着圆柱式大厅、两块显现为修士和修女的岩石的钟乳石洞,那么对于原始时期而言这种语言同样属于自然神迹,渗透着无意识和无意志的意义。但继而只有当这样一个时期将无意识和无意志的自然同样作为意义的承载者,将自然现象视为表征时,当它不仅将人类的精神产品,而且将自然现象作为人类解释的对象时,它才是前后一致的。故而奥斯丁说,“占卜之力在世界上广为流传”,而歌德也说:“当无生命的自然产生出关于我们所喜爱和尊重之事的比喻时,人们就会感到恰如其分的快乐”。

经院哲学将这种倾向于超意识之意义的解释方式提升为一种科学的方法。人们知道它的圣经四义说[①]:

字面义揭示出发生了什么(Littera gesta docet)
譬喻义揭示出你相信什么(quid credas,allegoria)
道德义教导你应当做什么(Maralis,quid agas)
寓意义教导你要去往何方(quo tendas,anagodia)

---

① 圣经四义说是古代教会提出的直至中世纪晚期为止都占统治地位的《圣经》解释方法。据此,《圣经》各处不能仅从字面上来被解释为具体的历史性命题(字面义),而且也可以被理解为关于信仰现实的譬喻性命题(譬喻义),在道德上被理解为对于信仰者的行为指示(道德义),在寓意上被理解为对希望的表达(寓意义)。从路德及近代早期的其他宗教改革者才开始偏离这种视角。——译者

通过展示出字面义背后的譬喻义、道德义和寓意义，基于神启说，它自然相信尽管无法透露出《圣经》的人类作者的真实想法，但 25
却能透露出上帝本身的真实想法。

在科学领域之外，这种解释方式一直存续至今。偶然的精神言辞可以依据它所适用的情境赋予《圣经》的具体语词以一再常新的意义，而不顾及它的原初意义。正是基于这种丰富的解读可能性，《圣经》的言词就具有了牢不可摧的生命力。但即使对于普通的语词，假装深层的意义也乐意在被意图的意义背后引申出一种更深层的意义。我在《青年》(Die Jugend)[①]杂志(1899 年第 6 期)中读到了这段优雅的话："对我来说这是最为纯粹的愉悦之一：从不起眼的语词的表面含义出发就可以击中事物的深层含义，无意义的事物可以提供一种它做梦都未曾想到过的意义框架。这并非恶意的自负，而是谦逊，因为此间存在着慰藉与希望，我们的智慧(对这种智慧我们必须经常去质疑)也能为一种对我们隐藏的意义提供框架，将更高尚的精神友好而明确地归于它——因为当被告人遇有疑义时也总是假定其拥有更好的意图。"这段话署名的首字母是 G. S.——它源自格奥尔格·齐美尔(Georg Simmel)[②]！

一场有内涵的游戏(但它必须是可能的)需要被澄清，而这种澄清同样要为法律解释的这种有问题的能力提供钥匙，即更多地

① 全称为《青年：慕尼黑艺术与生活图文周刊》，是格奥尔格·希尔特(Georg Hilth)和弗里茨·冯·奥斯提尼(Fritz von Ostini)创建的一份艺术和文学杂志，从 1896 年到 1940 年在慕尼黑出版。——译者

② 格奥尔格·齐美尔(1858—1918)，德国社会学家、哲学家，19 世纪末至 20 世纪初反实证主义社会学思潮的主要代表之一，著有《货币哲学》《宗教社会学》等。——译者

从制定法语词中提炼出某些东西，而非放入某些东西。它并非像看上去那么成问题。即使是一个谜语，在其作者看到的谜底之外，也可能有他所未曾注意到的第二种谜底，而后者可能与前者一样是对的；国际象棋中的招数在游戏的语境中可能会有一种与棋手的考虑完全不同的意义。但国际象棋中的这样一招（游戏者并不能单独来决定它）就好比我们说的任何一句话。“语言替我们思考和创作”——它的意思是：当我思考和说话时，我将我的想法潜入了一个思想的世界，它具有自己独特的内在法则。只要我无法为自己来独创一种语言和一个概念的世界，我就要将我说出的东西交付给概念世界（我必须在这个世界中活动）自身的法则，就要通过这句话与我无法远离和忽略的概念关系建立起联系。歌德说：“一个词被说出的同时也就进入了其他必然起作用的自然力的范
26 围”，在精神的世界抑或是在物理的世界都没有差别。当我利用自然法则时，我就同时将自己交付给了它——故而只要我利用逻辑法则，它就也会成为我的主人。因此，我所发表的意见应当具有的意义也许完全就不是它所具有的意义——这并不只是因为我没有成功地将这种被意愿的意义表达出来，而更多是因为每种意义都只是处于一个无限的意义关联中的部分意义，而这种意义关联可能会唤起无法预料的效果。“没有任何织工知晓他所编织的是什么。”这是一种提醒保持谦逊却又无比溢美的意识：通过嵌入他的每种想法来知晓一个无法预料的意义关联，嵌入一个“客观精神”的世界，每种主观精神都只是它的组成部分。

当然，法律解释与那些直觉形式之简单解释的区别在于，它是彻底理性的。它不是魔术般的或神秘主义的解释，不是有关深层

意义的一场游戏，而是合乎逻辑的解释。但如果逻辑起源于诡辩论者的修辞学课程的话，那么学术的逻辑在起源上就要早于所有律师的逻辑；因为修辞学是交谈时，尤其是法庭辩论时证明和反驳的技艺。但这种来自于对制定法的证明和反驳的逻辑技艺追问的不是：立法者在说出这些制定法语词时想的是什么？而是：从他的起点出发，他应当如何思考才能保持逻辑连贯性？它寻找的并非是立法者实际上所想的东西，而是一种要求他采纳的意义，即一种从制定法中提取出来的意义，尽管它并没有被（立法者）放入（制定法语词之中）。

这种仅来自于制定法本身的理性和辩护式的制定法解释最接近于那类旧的新教神学的圣经主义，它不愿离开《圣经》文本来证立任何思想，而是基于《圣经》文本来证立一切思想。路德本人强调了这种并行关系："一个法学家离开文本来发言是丢脸的，而一个神学家离开文本来发言则更加丢脸"。但法学家不仅可以通过援引一种与神学的已被克服之方法间的亲缘关系（这总还是存疑的）来证明其方法的正当性，他们毋宁还感觉完全身处受现代科学影响的良好社会之中。

直到不久以前，语言学解释在文献学中还独占支配地位。研究者皓首穷经地根据作家关于其作品所发表的所有意见、他的草稿、日记、信函去研究他的真实想法——"歌德语言学"（Goethe- 27
Philologie）。但这种对于主观意图之意义的研究越来越消退于幕后，代之而起的是对文学作品客观有效之意义的研究。作家们甚至让我们相信，其作品的内涵并不能为那些主观意图之意义所穷尽，作者本人在随后阅读自身作品时也通常会认识到那些未被注

意到的意义。但对作品的这种完全来自于作品本身的理解涉及的可能不只是某部单独的文学作品，而是其作者的全部作品，即全集。如此，就从这种方法中产生了一种传记学的新形式。传统的传记学一般都是先叙述作家个人，再叙述其作品，将作品理解为其个性的发散物。而这种新的传记学只从作品中推导出作者的个性。它是以作品为出发点的传记学。例如贡多尔夫(Gundolf)[①]就这样来向我们描绘歌德："艺术家的生命只存在于艺术作品之中"。例如格奥尔格·西美尔也这样来对待康德：他的任务不在于将康德描绘为那个"真实的历史人物"，而在于描绘出"一个理想的人物形象，他只存活于他自己的成就之中，作为对其各部分成就之实质性关联的表达或者说象征"。对于这种传记学而言，作品的作者并非那个曾创造出这部作品的已死之人，而是永生的作家或思想家，他存活于这部作品中，会改变其口味(只要他活着)，对于新时代的新问题会给出新的回答——恰如依照霍布斯的上面那段话，"立法者并非创设制定法之权威的人，而是使得制定法之权威得以延续的人"。

但并非只有作品的个人精神史才是可能的，作品的集体精神史同样是可能和常见的。哲学史和教义史曾致力于通过其他思想家从心理学上来确认某个思想家事实上的影响。相反，从黑格尔开始提出了新的任务，即在不考虑生平—心理学关联的前提下提

① 弗里德里希·贡多尔夫(Friedrich Gundolf，1880—1931)，德国作家、文献学家，魏玛共和国时期作品流传最广的日耳曼文学学者。其作品《歌德》(1916 年)使得他超越专业界限广为知名。——译者

出思想体系间的实质联系，将其心理学后果同时理解为一种逻辑过程，将一个体系发展为另一个体系的过程理解成就好像是在一种唯一的意识中前进，将客观精神的路径解释为一种精神的作品——就像同一种“立法者精神”在制定法变更的背后不断地变更，同时却固执地存续那般。

但这样一种取向于超意识之意义的解释同样在其非理性的外壳下经历了一场未被注意到的再生。其表征在今天不再只是神话的概念，而是心理学的概念。弗洛伊德（Freud）[①]的心理分析将有 28
意识的精神生活说成是被压抑之潜意识精神生活在符号学上的替代性表达，而历史唯物主义、马克思主义的唯物史观作为精神分析在社会学上的对立面，完全类似地将社会意识形态理解为阶级利益之无意识的意识形态升华。两者合在一起将对理性过程进行解释的做法说成是要去点燃非理性的原动力、肉欲和权力欲的黯淡灯光，以便于照亮周遭的环境，并更安全地将自己隐藏在黑暗之中。

我担心，拥有这种小小天赋的伟大学者不会对这里所揭示出的法律解释与其他形式之超意识解释的亲缘关系感到十分满意。他因其真正法国式的清晰性（clarté）更偏好于严格的区分，而非模糊不清的过渡状态。相比这里所做的，他更加鲜明地去区分对制定法内容的认知与对其漏洞的填补之间的界限。对他来说，本文至少正确地描述出了这样一个精神世界，他所克服的惯常法律解释方法恰恰位于其中！

① 西格蒙德·弗洛伊德（Sigmund Freud，1856—1939），医师、精神分析学家，20世纪最伟大的心理学家之一。他是精神分析学的创始人，被誉为“精神分析之父”。著有《梦的解析》《精神分析引论》《图腾与禁忌》等。——译者

39

法的目的

（1937 年）

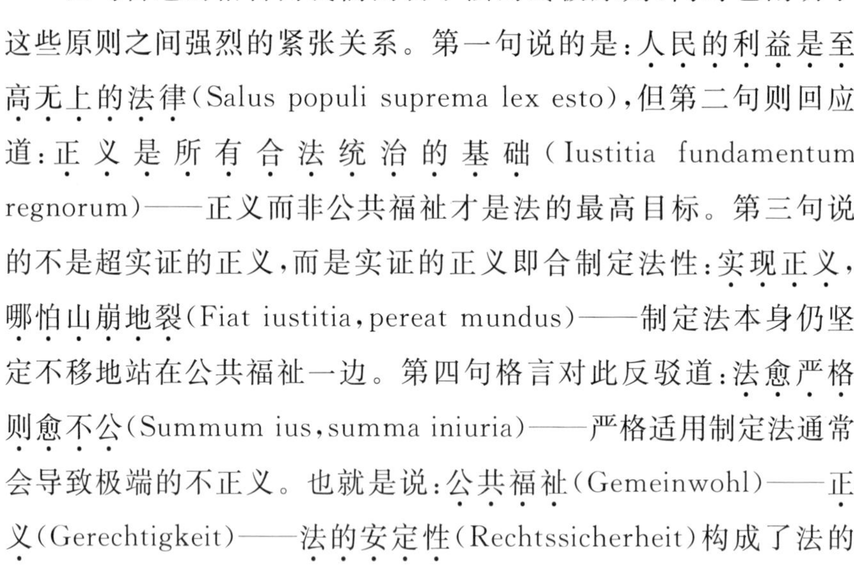

四句古老的格言向我们阐明了法的终极原则，同时也阐明了这些原则之间强烈的紧张关系。第一句说的是：人民的利益是至高无上的法律（Salus populi suprema lex esto），但第二句则回应道：正义是所有合法统治的基础（Iustitia fundamentum regnorum）——正义而非公共福祉才是法的最高目标。第三句说的不是超实证的正义，而是实证的正义即合制定法性：实现正义，哪怕山崩地裂（Fiat iustitia，pereat mundus）——制定法本身仍坚定不移地站在公共福祉一边。第四句格言对此反驳道：法愈严格则愈不公（Summum ius，summa iniuria）——严格适用制定法通常会导致极端的不正义。也就是说：公共福祉（Gemeinwohl）——正义（Gerechtigkeit）——法的安定性（Rechtssicherheit）构成了法的最高目标，但它们之间并非和谐一致，而是彼此处于尖锐对立之中。

所有人都会同意，法必须服务于公共福祉，但对于什么是公共福祉，不同的世界观、国家观和政党纲领却存在争议。人们可以从社会的角度出发将公共福祉理解为：所有人或尽可能多之个人的福祉、多数人的福祉、大众的福祉。人们可以从有机体的角度来说明它：作为国家或民族整体的福祉，它要比个人的总和更多。最

后，人们还可以从制度的角度出发来理解它，也就是说，不仅要在个人利益（从来就不仅是在全体的利益）之实质价值的实现过程中，而更要为了其自身去寻找它：科学和艺术的内在价值就是最容易理解的例子。但正如人们在确定公共福祉时一再看到的那样，它的每一种意义都与德尔韦基奥（del Vecchio）[①]曾表达过的那种观点相矛盾："一个人的权利与千百万人的权利一样神圣"[②]。我们将这种学说——它容许个人在特定范围内相对于如此庞大的多数人、相对于整体和实质性目标进行自我主张——称为自由主义（Liberalismus）。但这一学说可以在其他两个目的（它们与公共福祉一样服务于法）中找到其表述：正义与法的安定性。相对于被片
面理解的公共福祉，它们使得个人的平等和自由的利益同样起作 40
用。当然，这里并不存在这样一种必然性的证明，即在其社会的、有机体的或制度的目标之外，法还必须服务于自由的目的——我们没法期待在应然的领域存在任何必然性的证明。但能够说明的是，一个仅仅意图服务于公共福祉而否认个人利益具有任何正当性的秩序，同样可以针对公共福祉来主张（无论如何无法以法的名义来主张）：不可能以此为基础来建立一种迄今为止意义上的法律科学，同样无法以此为基础来说明被普遍认可的法律实践现象，如司法的独立性、主观公法权利、法治国。这就是我演讲的主题。被提出的这个问题的重要意义恰恰在我们这个时代没有得到特别的

① 乔治·德尔韦基奥（Giorgio Del Vecchio，1878—1970），意大利杰出的法哲学家，著有《法的概念》《法的一般原则》《法理学》《法哲学教科书》等。——译者

② Individuum，Staat und Korporation，Basel 1935，S.26.——作者

澄清，因为几乎在世界上任何地方都出现了这样的倾向，即仅仅从公共福祉的视角出发来塑造社会秩序，而不承认正义和法的安定性具有任何独立意义，但由此就摧毁了法的理念本身。

我们将从“**正义**”这个概念开始。我们所考虑的并不是这样一种正义的概念，人们将其理解为对法的全部要求的归纳，也就是与法的正确性（Richtigkeit des Rechts）完全重合，而是那种特殊的正义概念，即用它来指称对法的多种要求中的一种。

亚里士多德早已为一切时代规定了这种概念。据此，正义意味着平等，但并不是对所有人和所有情形都平等对待，而只是对待标准的平等，依照不同的人和不同情形不同对待，不是绝对平等对待，而是比例性的平等对待：各得其所，各安其分（suum cuique）。这就是亚里士多德的**分配正义**（iustitia distributiva）。但他的**矫正正义**（iustitia commutativa）只是这种分配正义的适用情形，即适用于被视为平等之人的分配正义而已。只有将参与者置于同等地位才能得出给付与对价相平等的要求——因为如果某人所得要多于他所应得的东西，那么此人就会认为自己高人一等。[①] 如果矫
41 正正义意味着将正义运用于人（他们事实上的差异被认为是无关紧要的），那么**衡平**（Billigkeit）就相反意味着这样一种正义，它尽可能地接近于个案最个别化的特征。但即使是在它的这种极端特性中，正义同样有适用一般性标准的余地。它至少以个人和个案

① 参见 Ferdinand Tönnies，Thomas Hobbes，3. Aufl.，1925. S. 219。“行动的平等通常要被分为平等正义与分配正义。但事实上，不公并不存在于被交换或分配之物的不平等之中，而存在于某人违背其天性和理性对其同伴提出的不平等要求之中。”——作者

的可比较性为前提，因而抽象于它最终的个别性，也即是将事实上不相同的情形相等置。尽管它具有比例性，但它也意味着将不同范围之人群和情形在法律上平等对待，或者（这也是一样的）意味着调整这一对待方式之规范的不同程度之一般性。

对法律上的平等对待和规范的一般性给予如此高的评价，其根源何在？[①] 人们曾在普遍妒忌感之间的平衡中寻找它——但这并没有说明未参与者的正义感。人们曾在均匀的美学意义上寻找它——但它同样未能理解正义感的基本和具有爆发力的冲力。人们曾将它理解为公共福祉的要求：合法统治的基础（fundamentum regnorum）——因为不正义意味着社会平衡被打破，因而会肇生疾风骤雨般的暴力革命的危险；但这样一来我们就混淆了原因和效果：并不是因为某事动摇了社会平衡，所以它才是不正义的，恰恰相反：因为它是不正义的，所以它动摇了社会平衡。事实上，从心理学的角度来看，正义只能被理解为一种初始的和不可推导的感觉，而从哲学的角度来看，它只能被理解为一种与其他绝对价值（如真、善、美）处于同等位序的绝对价值。

当然，从正义本身并不能推导出确定的法条。我们可以以刑法为例来加以说明。正义只是说，罪责大者应被处以更严苛的刑罚，而罪责小者应被处以较为缓和的刑罚。它并没有说，为什么谋杀犯比小偷罪责更大，它毋宁以这样的标准为前提，依此人们可以来衡量罪责：这一标准就是对于公共福祉之危险性的大小。它同样没有说，应如何处罚有罪者，是应当将谋杀犯车裂、将小偷绞死，

① 参见 Jhering，Zweck im Recht，Bd.1，4.Aufl.，1904，S.387ff.。——作者

42 还是应当将前者处以终身监禁，而将后者处以有期徒刑；它只能在给定的刑罚体系中来确定量刑幅度，但却无法确定刑罚体系本身——刑罚的种类是根据它对于公共福祉的有用性来确定的。因而正义只能起到将给定刑罚体系中的特定刑罚幅度加之于给定罪责概念中的犯罪情节的作用。但对罪责概念以及刑罚体系之内容的确定却要从公共福祉的理念出发才行。正义确定的只是**相对的**而非绝对的可罚性。依据在一种**一般性**的阶梯式特定刑罚种类和刑法措施（刑罚体系）中的**一般性**标准（罪责概念）来完成这种相对的确定，也属于正义的任务。故而我们的例子一方面显现出正义的**相对性**，另一方面显现出正义的**一般性**。

正义的相对性意味着，它在概念上必然使得一群人、法律处境和利益彼此之间形成关系，可以相互比较和平衡。因此，正义依其本质是一种冲突解决办法。乔治斯·古尔维奇[①]说："只有在人们接受同等重要的道德价值可能出现冲突的情况下，正义问题才会凸显。正义在本质上假设冲突的存在，它就是为了协调各种相互竞争的要求而存在的。在一个预先设定的和谐秩序中，正义绝无用武之地。"[②]

如果人们认为个体与总体之间不可能发生矛盾，并赋予公共福祉以超越个人利益的绝对分量，那么正义就尤其不可能被当作总体

① 乔治斯·古尔维奇（Georges Gurvitch，1894—1965），法籍俄罗斯社会学家与法学家，知识社会学研究先驱者，十月革命后执教于巴黎索邦大学。——译者

② Georges Gurvitch，L'expérience juridique et la philosophie pluraliste du droit，Paris 1935，S.99.——作者

与个体之间的关系。德尔韦基奥令人愉悦地坚定反对这种学说[①]："纯粹先验式地否认对立的存在……例如主张，国家是唯一的现实，个人在国家中成长或与国家等同，绝非好的方法……国家和个人是现实的两种要素，它们尽管可能也应当彼此协调、相互一致，但不能被轻易否定(因为它们存在)。……这两个要素中的一个，因为是不现实的或与另一个相等同，所以不值得被考察……这一主张绝不会让我们就这一问题的实际解决办法取得进展。"正义的 43
理念以总体和个体之间的紧张关系为前提，这恰恰是因为它的任务在于解决这种紧张关系。在此意义上，它展示出一种相对于片面的公共福祉之超个人主义理念的个人主义—自由主义的均势。

正义同样给它所支配的法概念烙上了它的这种相对性：所有的法都是解决冲突的办法。正义的**一般性**同样为法概念所分享：法是基于一般性规范的解决冲突的办法。我们可以通过演绎法概念来证明这一主张[②]——但这里只需提供这样一种间接证明就可以了，即，如果法不是解决冲突的办法、不由一般性规范构成，它就无法与其他规范化系统区分开来。只有当人们将法条视为解决冲突的办法时，才能将它区分于纯粹的官员指令；只有当人们承认它具有一般性时，它才能区分于判决和行政行为。尤其是，完全服务于公共福祉的秩序是行政，而非法。这些例子已然说明，人们绝不会因为否认某些现象具有法条的性质就否认这些现象的正当性。一个针对特定个人的规定完全可以是特殊措施，它无须是"任意专

① Georges Gurvitch, L'expérience juridique et la philosophie pluraliste du droit, Paris 1935, S.4f.——作者

② Radbruch, Rechtsphilosophie, 3. Aufl., 1932, S.29ff.——作者

断的”。但另一方面，它也不具有法的性质。因而很自然的是，这些措施不仅会丧失“法”的名义，而且会丧失这一名义所激起的不可名状的全部激情以及作为其基础的道德感召力。因此，取得胜利的政党一再将其特殊利益转变为一般性的法条——因而获得了非常实际的效果。这可以通过历史上的一个例子来说明。每种倾向的自由都是处于上升期的资产阶级的需求和要求。但这种要求以自然法的形式被证立，即被展现为法的要求。因此，为法的形式即一般性所要求和追求的自由，在其内部同样也包含着有利于与之相斗争的工人阶级的结社自由，即恰恰可以作为一种与曾以法
44 的形式来实现其自由利益之阶级相斗争的手段。法的形式（政治要求通常以这种形式体现出来）使得统治者通常只有在自己也承担负担时，才能将此负担强加于被统治者；相反，法的形式也使得他们只有在愿意确保被统治者的利益时，才能主张自己的利益。这种一般性可能只是虚伪的，例如当（按照阿纳托尔·法朗士的讥讽之词）“法律以其高贵的平等性禁止富人与穷人一样沿街乞讨、露宿桥头和盗窃面包”时就是这样。——但它也能获得真正的意义，就如各种情形的结社自由那样。故而阶级性的法律——因为它是法，即具有一般性和平等性的形式，而无论是在多么有限的范围内如此——对于被压迫阶级和少数群体、对于弱势者和个人来说也不是没有价值的。

让我们来总结一下：正义是一种明显有别于公共福祉，甚至可以说与它处于某种紧张关系之中的法的目标。它以某种冲突情境为前提，因而有别于公共福祉这一观念，后者既不关注，也不否认这种冲突情境。它的含义与此有关：即便是公共福祉的观念也必

须乐于与正当的个人利益相权衡，也即在此意义上具有个人主义—自由主义的性质，从而与公共福祉的观念相反对。它的典型特征在于平等性与一般性，而这在公共福祉中无所作为。最后，这种正义的观念同样在法概念上打下了其特征的烙印，也就是将后者概括为通过一般性规范来解决冲突的办法。相反，从公共福祉的观念是推导不出法概念的。无疑，正义对于公共福祉来说同样是根本性的——它是合法统治的基础。但它并非因其对公共福祉的有益性而获得其本质，恰恰只有在其固有内在法则中才展现出对公共福祉的益处——恰如科学和艺术只有当不附带任何与公共福祉相关的目的，而只服从于其自身关于真和美的法则时，才服务于公共福祉。如果将正义包含在一个广义上的公共福祉之中，那就必须即刻将它（体现其固有内在法则）与狭义上的公共福祉区分开来。

我们关于**法的安定性**之讨论的结果是类似的，现在让我们来看一下。首先要确认的是法的安定性的概念。法的安定性可以在 45
三重意义上被理解[①]：

1. 被理解为**通过法实现的安定性**（Sicherheit durch das Recht），即免于被谋杀和杀害的安全、免于被抢劫和盗窃的安全、道路交通安全等等。[②] 这一意义上的法的安定性是公共福祉的一个要素，也就是说，它并不属于我们所讨论的情形。当然，它与我们所设想的法的安定性之间有着紧密联系，因为通过法实现的安

① 参见 Demoguc，Les notions fondamentales du droit privé，1911，S. 63ff.，以及 Max Rümelin，Rechtssicherheit，1924。——作者

② "Sicherheit"既可以被翻译为"安定性"，也可以被翻译为"安全"，在这里不作区分。——译者

定性以此为前提，即法本身具有安定性。

2. 这种法的安定性(Sicherheit des Rechts)要求对于法条有确切认知，对于事实进行确切证明(法的适用有赖于此)，对于已被确认之法进行确切执行。它指涉各该现行有效的法，而非其效力本身。但如果立法者能够出于各种特定动机使之失效的话，这种当下有效的法的安定性就可能是虚幻的。故而各该现行法的安定性在某种程度上需要补充上——

3. 保护法免于变更(Sicherung des Rechts gegen Abänderung)的要求，也即是一种具有某些阻碍性的立法机制——想一想权力分立和加大宪法修正难度的制度。这第三种意义上的法的安定性涉及的通常不是客观法，而是主观法(权利)：对于既有之法的保护。但这种对既有之法的保护(这是一个保守的，甚至有时是反动的原则)并不属于我们所谈论的情形。只有当离开保护法免于变更的要求，现行法的安定性也将成为虚幻时，它才属于我们的主题。也就是说，只有免于毫无滞碍地、随时随地可变更的法的安定性，或者像我们在前面说过的，保护法在某种程度上免于变更的要求，才属于我们的主题。

法的安定性有别于公共福祉，甚至通常与之相对立，这一点无需冗长的证明：通常根据法的安定性是极端正义(summum ius)的情形，在公共福祉的视角下却是极端不正义(summa iniuria)的；法的安定性是这样一种东西，有时它会让制定法与法在一种永恒的病态中继续存活下去。一方面，法的安定性与正义彼此间关系密切，甚至可以说相互交叠。决定正义之本质的一般性同样为法的安定性所要求：只有一般性规范才能事先对未来的情形做出调整，

才能对未来可预测的法进行证立。另一方面，不安定的法同时也 46
是不正义的：因为它无法确保在未来对同样的情形作同样对待——我们可以径直将法的安定性思想换成“法律面前一律平等”。因此培根勋爵(Lord Bacon)[①]早就说过：重要的是，不仅法律应当是正义的，除此之外，它还应当是安定的[②]。法的安定性同样与正义分享着个人主义—自由主义的特性。它并不意味着为了法本身去维系法的安定性，而是为了个人去维系法的安定性，即免于任意专断的安定性，在此意义上即是个人自由。

相反，法的安定性并不像正义那样是一种绝对的、不可推导的价值。尽管它与狭义上的公共福祉间的紧张关系是如此强烈，但它可从对广义上公共福祉的益处中推导出其价值。杰里米·边沁——除了例如最开始时的路德维希·克纳普(Ludwig Knapp)[③](不久前路易吉·赛科[Luigi Secco]从历史的尘埃中发掘了他[④])之外，他是法的安定性最伟大的颂扬者——曾对法的安定性对于公共福祉的益处作过最令人印象深刻的描述。边沁在法的安定性中发现了文明的决定性特征，甚至是人类和动物生活的差别，因为它使得针对未来的计划变得可能，因而使得工作和储蓄成为可能。

① 弗朗西斯·培根(Francis Bacon，1561—1626年)，英国文艺复兴时期最重要的散文家、哲学家。英国唯物主义哲学家，实验科学的创始人，近代归纳法的创始人。主要著作有《新工具》《论科学的增进》以及《学术的伟大复兴》等。——译者

② 基于另一种证立方式，Wilhelm Sauer(Grundlagen der Gesellschaft，1924，S. 443)将法的安定性称为“小一号的正义”(verengerte Gerechtigkeit)。——作者

③ 此处指的当是路德维希·卡尔·克纳普(Ludwig Karl Knapp，1773—1860)，德国黑森地区法官、政治家，黑森大公国地方等级会议代表，代表保守主义立场。——译者

④ Luigi Secco，Ludwig Knapp e la sua filosofia del diritto，1936.——作者

只有它才能确保，生活并非一系列单个的瞬间，而是一段连续不断的历程。它所导致的结果是，通过预见性和预防性的链条将我们今天与明天的生活联结起来，并超越我们传递至后代。①

无须详细说明的是，我们今天已远离边沁的这种大肆鼓吹的激情，在全世界范围内都是如此。首先是“自由法运动”指明，司法裁判之可预测的安定性很大程度上并非存在于惯常被假定的范围之内，有别于人们直到当时依然相信的，相比于制定法，法官的观念对于裁判所起的决定作用要大得多。因而它增强了法官创新的勇气，也即做出事前不可预测之裁判的勇气。继而，立法者同样越来越大地扩展了这一司法裁量的空间，以及不可预测之裁判的空
47 间；直到不久之前，人们才在“向一般条款逃逸”的名目下使得这一过程被广泛关注到。② 因而在极尽多样的简明用语的外衣下，对特定法律问题的裁判就被交给了法官的价值判断去处理——在一切法律领域皆是如此，也包括迄今为止以最严苛的合乎法治的要求来支配的领域：刑法领域，它放弃了禁止基于类比来证立可罚性的禁令（这是迄今为止法的安定性最坚固的堡垒）。也不乏对违背法律之法律创制（Rechtsschaffung contra legem）的鼓励，这里涉及的主要是在政治变革后，依然有效的法条与新的国民整体精神相矛盾的情形。最后，在这样的国家——其中立法权与执行权通过联合扫清了立法的障碍——中，还存在着过快和过于轻易地变法的危险，即使这是出于具体情况的需要。

① Bentham，Works.ed. John Bowring，1859，Ⅰ，S.302ff.——作者

② Justus Wilhelm Hedemann，Die Flucht in die Generalklauseln，1933.——作者

这种贬损法的安定性思想的观念是如何形成的？从 1871 年至 1914 年的四十年间，我们经历了社会关系安定的时代，或许在整个世界历史上还没有过这么长一段时间的安定。资本主义时代出于需要创造了法的安定性：马克斯·韦伯曾有力说明，是资本主义既需要民族国家和理性法，也创造了它们。[1] 在那一时代，雅各布·布克哈特可能会说，“我们今天全部的道德在本质上都取向于安全感，也即是说，它免却了个人来保护家庭的最坚定的决心，至少通常如此”。“作为任何幸福的前提条件，安全感要求依照一部客观确立的制定法来处理所有财产问题，最大限度地确保收益与流通。”“保险公司能提供国家无法提供的东西。”但在布克哈特那里已经可以听到对这种小市民安全感之价值的轻微质疑声，因为他说：“可疑的是，在许多时代都缺乏这种安全感，但它们从前曾使得永恒的荣光广为流传，在人类史上直到今天依然享有崇高的地位。”这必然是雅典人曾体会过的存在感，世界上没有任何安全感能够抵消它。[2]

这种生活的安定性令当时的青年人愈感窒息。我可以拿出我 48
年轻时代的一段话作为证明，这是我自己在 1910 年《法学导论》第一版中所写的：“我们可以将科学与法秩序、自然法则与规范视为一种宏大的活动，肯定可以将不可预测之事，即偶然事件从世上赶走。但假如它们真的能成功地将生活分解为纯粹的可测算性——

① 例如参见 Max Weber，Wirtschaftsgeschichte，1923，S.289ff.。——作者

② Jacob Burckhardt，Weltgeschichtliche Betrachtungen，3. Aufl.，1918，S. 260f.——作者

那它还有被体验的价值么？偶然、不可预测和未被期待的东西、惊喜与沮丧、甜蜜痛苦的渐慢与危险诱惑的渐快恰好构成了妖媚的乐章，正因如此我们才热爱生活：'偶然（Von Ohngefähr）——这是世上最古老的贵族称号'（尼采）。假如我们不再期待'奇迹'，生活又将是怎样？并没有沉沦于日常琐事的人总是偏爱不确定的命运胜于'命运的'确定性。尽管法秩序现在仍远没有成为不可预测性的主人，但恰恰是不断增长的更精致的自然在今天已遭受我们市民生活之机械规律之痛：有多少人，不是在其摇篮中时——或更谨慎地说，在其洗礼之日——就可以给他起草好葬礼演说的主题呢？因此，自我准备好经受危险挑战的冒险事业、将小我扩展为大我的浮士德式的追求、对不受规制之多彩性和存在之充盈性感受到的浪漫主义愉悦，都内在地反对法的规则与秩序，有意或无意地趋向于一种观念上的无政府主义。"这只是尼采对"危险生活"之颂词的微弱余音罢了。

现在这种渴求则被过度满足了。从世界大战及随后的震荡开始，几乎从1914年之后不间断的时间里，我们已充分享受了危险生活的命运。是我们这个时代，或许只是我们的年龄教会了我们在今天去更好地理解孟德斯鸠的那句随口说出的话："人民幸福之时即历史平庸无聊之际！"不需要成为预言家，我们就可以提前说，在未来要求安定性，尤其是法的安定性的呼声会变得越来越清晰和炽热。

对于人们一再赋予法的安定性这种不断增长的价值来说，很典型的是，人们也主张用它来支持仅仅取向于公共福祉的法律思维，在威权国家中人们同样将它称为民族共同体的基础。制定法被

认为是被写下的领袖意志，因而偏离制定法意味着违背服从义务， 49
从而就是不法，就是法律上不安定的。这种基于对国家领袖之服从来证立法的安定性的做法，与法仅仅取向于公共福祉之间有着紧密关联：当很多人都参与到公共福祉的事业中来时，就必须贯彻领袖的命令，假如这些人之间不应出现彼此对立的情形的话。但这种将法的安定性的概念改造为领袖思维之结果的做法与特定的法律现象（尽管如此，人们不愿意放弃它）是不相容的。如果法不外乎是领袖的命令，那么领袖自己也要受到法的约束，否则法治国和主观公法权利都将得不到彰显。这些概念毋宁在形式上只能根据法的安定性思维的实证主义内涵，在实质上只能根据正义思维的个人主义内涵才能说清楚。进而，如果法只是服务于公共福祉的领袖命令，如果它并未展露出一种独立于纯粹的合目的性思维和对命令之服从的固有内在法则，那么司法独立就将是不可理解的。司法独立不外乎是托付给实践法学（praktische Rechtswissenschaft）的科学自由。但法律思维并非只是服务于公共福祉之合目的性思维——否则它将无法区别于正义和行政学说。它毋宁首先是合法性和正义思维，它从正义的视角（即平等）出发来解释制定法的规定（它们基于法的安定性而生效）。无须再强调，在这一框架内合目的性思维同样扮演着重要角色——不断以令人印象深刻的方式塑造出这种思维，是晚近法学方法论的一项重要成就。现在毋宁必须反过来强调，这种目的思维必须在合法性思维和正义思维的框架内活动。正如法治国和主观公法权利，正如司法独立和法学的固有内在法则性，法的概念最终受到正义和法的安定性的限定。如果说正义赋予了法通过一般性规范来

解决冲突的本质的话，那么法的安定性就为法概念补充上了实证
50 性(positivität)这一额外的特征。当赫伊津哈(Huizinga)[①]在其名著《在明日的阴影之下》[②]中说，从安定性的需求中可以产生一切被称作法的东西时，我们就可以用这样的形式来把握这句话：从法的安定性的需求中可以产生一切被称为“**实在**法”的东西。

故而在公共福祉这种超个人主义的思维之外，作为法理念之个人主义的组成要素，正义与法的安定性思想，与法治国、主观公法权利、司法独立和法学的固有内在法则性一样，最终也与法概念本身一样牢固，尽管它并不见得比后面这些概念更牢固，但毕竟已足够牢固。因为即便是威权国家也不愿放弃这两个价值，又是德尔韦基奥着重证明了这一点。“法律至上及公民在法律面前人人平等仍然是法西斯国家的根本，因而可以说法西斯国家也是法治国。”属于其本质的还有(也主要有)自由。现在我们比之过往会更好地理解到，民族的生命与个人的生命是彼此渗透的。[③]

公共福祉、正义与法的安定性构成了法的共同决定因素——它们并非和谐一致，而是处于一种鲜活的紧张关系之中。这些价值中的一个相对于另一个的优先性无法由一个位于这三者之上的规范来确定——这样一种规范压根就不存在——，而只能通过对不断变迁之时代的负责任的回答来解决。警察国家赋予公共福祉以优先性，自然法赋予正义以优先性，而实证主义则赋予法的安定

① 约翰·赫伊津哈(Johan Huizinga，1872—1945)，荷兰语言学家和历史学家。1932年任莱顿大学校长，1942年被德国人逮捕囚禁，1945年荷兰解放前夕病逝。——译者

② 1935，S.32.——作者

③ Giorgio del Vecchio，Stato fascista e vecchio regime，2.ed.，1932.——作者

性以优先性。威权国家开创了一个新序列，它再一次将公共福祉置于首要地位。但历史教导我们，（这三种价值间的）辩证对立绝不会停止，新的时代在公共福祉之外会重新认可正义与法的安定性具有一种比之过去赋予它们的更高的价值。[①] “正义这一美德是所有美德的女主人与皇后”[②]（Justitia una virtus omnium est domina et regina virtutum，Cicero de officiis Ⅲ c.28）。

① A. Roberto Goldschmidt，Studi in memoria di Aldo Albertoni Ⅲ，p.505.——作者

② 之所以将“正义”比作“女主人”和“皇后”，是因为拉丁语 Justitia 是个阴性词。——译者

60

法律思维中的分类概念与次序概念
（1938 年）

传统逻辑在我们这个时代经受了各种各样的指责。常见的批评是它的概念扭曲了生活。生活只是流动的过渡状态，但概念横亘在这些流动状态之上，为之划出了鲜明的界限。如果说生活只是显现出“或多或少”（mehr oder minder）的话，那么概念则要求一种“非此即彼”（entweder-oder）的决断。生活的兴趣主要在于宽泛的常态（它构成了概念的内核），相反，概念思维主要对异态情形、边缘情形、临界情形感兴趣，依据这些情形来测验，概念是否被正确地界分（界定）了。概念的主要功能不在于“把握”，即抓住特定的思想内涵，而在于“界分”，它就像是一堵防火墙，借此概念将来自外部的其他思想内涵堵在外边。简言之，传统的概念思维是一种“分离思维”（Trennungsdenken），它瓦解和破坏了生活的整体性。

依据当下的想法，一种更合乎生活之流动状态的方法论尝试必然会特别令人感兴趣，尤其是它并非要为一副非理性主义的、敌视概念的灵丹妙药唱赞歌，而是要在概念思维框架本身之内寻求一种革新。用标语式的表述来说，它涉及的是对科学方法论之比

较因素的发现。思想家保罗·奥本海姆[①]及其合作者卡尔·亨普尔[②]（这里要讨论的就是他们的著作）[③]将传统逻辑的概念——鉴于其分类性的任务，他们称之为分类概念（Klassenbegriffe）——与另一种概念相对，即次序概念（Ordnungsbegriffe）。分类概念由这样的特征组合而成，人们只能要么将之归于某个具体现象，要么不将之归于某个具体现象；相反，次序概念包含着可分层的属性，人们可以在不同的程度（在或高或低的程度）上将它们给予某个具体现象。那种特征的语言表达是实证性的，而这种属性被人们以比较 61
的方式来谈论：石英比方解石要硬。故而次序概念说出了两个或两个以上的现象间的程度关系，将这些现象置入了一种序列或顺序之中，例如将矿物质依其硬度排列为一个连续的序列，并从概念上表达出了那种流动的过渡状态（它们强力穿透分类概念）。如果一个次序概念包含着一个可分层的属性，那么在此基础上就会产生一种线性序列；如果它包含多个这种属性，那么这一序列就将是多维度的——人们不仅可以依其硬度，而且可以依其重力和化学成分来对矿物质排序。如果这些序列能与其他序列之间形成因果

① 保罗·奥本海姆（Paul Oppenheim，1885—1977），德国化学家、哲学家、实业家。——译者

② 卡尔·古斯塔夫·亨普尔（Carl Gustav Hempel，1905—1997），德国哲学家，属于逻辑实证主义学派。他与保罗·奥本海姆一起提出了科学说明的“亨普尔-奥本海姆图式”。著有《似真性概念的逻辑分析》《经验科学之概念构造的基础》等。——译者

③ Carl G. Hempel und Paul Oppenheim, Der Typusbegriff im Licht der neuen Logik, Leiden 1936; P. Oppenheim, Von Klassenbegriffen zu Ordnungsbegriffen, Travaux du IXe Congrès International de Philosophie, Paris, 1—6 aout 1937；这本书同样做出了提示：P. Oppenheim, Die natürliche Ordnung der Wissenschafen, 1926, S. 221ff.——作者

关系，那么它们就特别有益。因为就如基于分类概念一样，人们同样可以基于次序概念来成功地发现法则。如果说前者是依照“如果……那么……”的图式来表述的话，那么后者就是依照“越是……越是……”来表述的，例如：粮食价格越高，盗窃行为就越频繁。

在这些被置于一个序列的具体现象中，人们可以在其他具体现象之前标示出特定的具体现象——就像是里程碑，人们借此可以来确认位于它们之间的现象的位置。例如，人们曾将十种硬度不同的矿物质排列为一个硬度标尺，因而就获得了一种度量形式，人们可以将其他矿物质据其硬度排列于其中。这种方法构成了向最重要之次序概念形式的过渡，即类型概念（Typenbegriffe）。人们从序列中挑选出特别显著、纯粹和经典的现象，无论它是极端形式，抑或相反是平均形式，以便于根据它们来衡量其他现象。但这些类型无须与某个经验性的具体现象相对应，相反，它们多数时候是被建构出来的构造物，它们是在特定视角下对不同经验现象之本质属性的归纳。无论这一视角是依据那些属性出现的频率，还是依据某种浮现的观念挑选出的，在这两种情形中，类型都远离现实中的具体现象——前者（即平均类型）与现实的距离并不见得就比后者（即所谓理想类型）与现实的距离来得小。类型的意旨同样不在于展现对现实的认知，它们只想成为认知现实具体现象的手
62 段，它们只是构成了对具体现象进行规整的网。就如分类概念一样，类型概念也构成了对现象加以规整的手段——因此将次序概念与分类概念相对立在术语上并不完全妥当。当然，所追求的顺序（规整）在这两种概念类型那里是十分不同的。具体现象被涵摄于分类概念之下，但它是被编排于类型概念之间的。它们的特点

在于，它们与这个或那个类型概念之间存在着或大或小的距离，这一距离多数时候只能从直觉上被评估，有时要借助于客观标准来确定，在最幸运的情形中甚至可以用米制的和数字的方式来评估。分类概念通过鲜明的界限来彼此分离，而类型概念则通过模糊的界限相互转化，正如色环中的颜色一般：分类概念分离事物，类型概念则联结事物。

可喜的是，奥本海姆和亨普尔对于他们的任何过高评价都保持着警惕，他们认为分类概念有其合理之处，尽管他们在不同的学科之中都想要能来确认一种从分类概念到次序概念的发展趋势。他们自己指出了心理学和宪法研究的发展趋势，并促进对其他经验研究的领域进行类似的研究。或许用歌德的原现象，尤其是原植物（Urpflanze）的概念来表明他的类型思维方式是很有诱惑力的。[①] 在接近于当代方法论问题的意义上，格奥尔格·耶利内克的国家学在详实论证的基础上运用了类型概念，[②]以其为榜样，马克斯·韦伯的社会学也运用了这类概念。[③] 耶利内克区分了平均类型与理想类型，在其著作随后的版本中则区分了经验类型与理想类型。理想类型是一种应然和价值的构造物，经验类型是一种

① 例如参见 H. Siebeck, Goethe als Denker, 4. Aufl., 1922, S.44ff., 57ff.。——作者

② G. Jellinek, Allgemeine Staatslehre, 3. Aufl., 1921, S.34ff. 对此参见 W. Windelband, Über Norm und Normalität, Aschaffenburgs Monatsschrift für Krimibnalpsychologie, 3. Bd., 1907, S.1ff.; H. Heller, Staatslehre, 1934, S.61ff.——作者

③ Max Weber, Die Objektivität sozialwissenschaftlicher und sozialpolitischer Erkenntlis. Archiv für Sozialwissenschaft, 19. Bd., 1904, S.43ff. 对此参见 K. Jaspers, Max Weber, 1932, S. 46; B. Pfister, Die Entwicklung zum Idealtypus, 1928; A. v. Shelting, Max Webers Wissenschaftslehre, 1934.——作者

实然和现实的构造物，后者通过强调共同特征（它们描绘出了大量的个案）而获得。相反，在马克斯·韦伯那里，理想类型并非理想的典范——同样可能提出应受谴责之现象的理想类型，例如卖淫，
63 它们毋宁是这样一种精神形式，它涉及从个别的偶然性中提纯的、合乎逻辑地精心设计的，因而是片面地升华了的现实。作为李凯尔特[①]意义上的涉及价值的概念，韦伯式的理想类型位于耶利内克的评价性的理想类型与耶利内克的价值无涉的经验性平均类型之间的中点——为了更好地避免误解，人们最好称之为精神类型（ideele Typen）。在马克斯·韦伯看来，类型概念并非认知的目标，而是认知的手段，是用以衡量现实的纯粹精神界限概念（借此可以对现实进行相互比较）；在耶利内克看来，只有它们才能教会我们去彻底理解具体现象，因为只有借此这些现象才仿佛获得了它在整个社会进程领域中的地位。这不外乎是对奥本海姆和亨普尔详述过的类型学排序思想的表述（它仍处于摸索阶段）。

至于法律科学领域，奥本海姆认为对于表述制定法而言，次序概念“显然是不合适的”。“因为它的终极目标根本不在于对多个构成要件进行彼此比较，而在于判断一个具体的构成要件，这只有通过将特定特征归于它或不归于它才能实现。”[②]这一证立是失败的，因为判断具体的构成要件——无论是通过立法者还是通过法

① 海因里希·李凯尔特（Heinrich Rickert，1863—1936），德国哲学家，新康德主义西南德意志学派的主要代表，著有《文化科学和自然科学》等。——译者

② 参见 Oppenheim，Ⅸ^{e} Congrès de Philosophie，S.7f.。当奥本海姆在其早期著作（Die natütliche Ordnung der Wissenschaften，S.117ff.）中将法律科学算作典型的科学时，他显然没有想到后来他所提出那种类型概念，而只是想到了分类性的一般概念。——作者

官——恰恰以此为前提:回忆并比较大量或多或少相近的案件,以便检验作为被有意选定为裁判基础的法条对于其他案件的效力范围。尽管如此,奥本海姆的法学方法观点在结论上是否正确,将在后文中再来研讨。这一研讨越来越有必要,因为在最近,从分类概念过渡到次序概念在法学领域也越来越得到强调——因为只有这才是卡尔·施密特[①]提出的那个迅速成为标语的公式"具体秩序思维"(das konkrete Ordnungsdenken)的意义。卡尔·施密特说,规范预设的前提是通常情形和通常类型,即典型的有待恰当判断之生活中的有待假定的具体人类形象,例如勇敢的战士、有责任意识的官员、正派的同志等等。一个规范可以如其所愿那样坚守不渝,但只有当(它适用的)情境并非完全异态,当常态下预设的类型 64
并没有消失时,它才能支配这一情境。[②] 故而施密特将制定法构成要件在表面上的分类概念说成是通常类型,因此想依据"事物本质"——因为迄今为止人们是这样来称呼那种将具体情形典型化并从此类型出发进行判断的思维方式的,而现在施密特称之为具体秩序思维[③]——而非制定法来对非典型情形加以评判。

---

① 卡尔·施密特(Carl Schmitt,1888—1985),德国著名法学家和政治思想家,著有《政治的概念》《宪法学说》《合法性与正当性》《宪法的守护者》《论法学思维的三种模式》等。——译者

② C. Schmitt,Über die drei Arten des rechtswissenschaftlichen Denkens,1934,S. 22,10,21,23. 对此参见 E. Schwinge und L. Zimmerl,Wesensschau und konkretes Ordnungsdenken im Strafrecht,1937.——作者

③ 关于"事物本质"这一十分贫乏之概念的特别阐述,参见 H. Isay,Rechtsnorm und Entscheidung,1929,S.78ff.。——作者

迄今为止仍占支配地位的法律思维与奥本海姆的观点相一致，而与施密特的要求正相反，它基本上位于分类性方法一侧。立法完全有意识地以这些概念——它们将生活流动的过渡状态切割为一片一片的东西——来作业，想一想以日和时来确定的年龄界限，它有意忽略了从童年到青年，从青年到老年的逐渐成熟过程。恰恰是法律概念相对于捉摸不定之现实的这种不充分性、这种对所有细微差别的漠视，对于每种“不仅……如此……”或者“或多或少”的生硬拒绝，这种“非此即彼”的僵硬思维方式，今天在许多人看来会使得法律，尤其是罗马法[①]如此令人生厌。但这一切都必然是因为“可实践性”，即对法的毫无疑问的适用，也就是法的安定性——但同样也是因为正义，正义女神戴上蒙眼布并非毫无道理，这是因为她在追求平等时不仅不能“看人下菜碟”式地裁判，而且也不能顾及其他（“不相干的”）现实差别。但即使在正统的自由主义被克服之后，而我们时代的一种趋势在于使得法更紧密地贴近生活，这也通常是通过构造特殊的分类概念（典型如“限制责任能力”），而非通过类型概念和排序来进行的。这正是因为看上去可以用一种可分层的次序概念来指明它。即使依照制定法上的认定，违法者也并不是例如具有或多或少的责任能力的，而是要么有
65 责任能力，要么**没有**责任能力，在前一种情形中，要么是有完全责任能力，要么是有限制责任能力。责任能力不是序列概念，而是一种分类概念，限制责任能力同样是一种分类概念的子类型。

当然，在许多情形中立法者都认为，通过特定的分类处理来应

① 至于恰好针对罗马法的这种谴责是否有充分根据，随后再论！——作者

对多样化的具体情形是不可能的。在这类更常见的情形中，他将法效果与具体案件相匹配的任务留给了司法裁量权。这是我们能期待观察到类型概念与序列的领域。法官在刑事制定法框架内的量刑提供了一个绝佳的例子。它向法官提出了这样一个任务：依据其与两类极端类型——可想象的最严重的那类犯罪与可想象的最轻微的那类犯罪——之间的或大或小的距离来对两端之间的具体情形进行排列。在未来不应将这种排列像迄今为止那样留给法官的直觉去处理，而是要受到客观标准的引导。帝国刑法典草案[①]的最后一稿提到的这类法官量刑的标准有：罪犯的犯意、保护民族共同体的必要性、罪犯所导致的危险和损害、他的犯罪行为。从这些量刑因素中的每一个都可以产生一种序列，这些序列的每一个都要为具体的犯罪行为（要据此来量刑）分配好它的位置，且在这些序列的每一个中，分配给具体犯罪行为的位序都可以比在其他序列中的位序更高或更低。因而就出现了这样一个困难的任务，即将可罚性理由的多维度序列还原为一种单维度的序列。[②]草案的立法者同样认识到了这一问题，他用这样一个统一的公式来总结可罚性的不同标准："刑罚应当与罪犯之罪责的类型和程度相当。"但这样一来他就只是说明了问题，而没有提供解决的办法，且对于立法者而言也没有别的办法了，只能留给法官的直觉去判断。在具体案件中，他是愿意将不同的序列视为等值的罪责要素

① Gürtner, Das kommende deutsche Strafrecht, Allg. Tei, 2. Aufl., 1935, S. 175.——作者

② Hempel und Oppenheim, a.a.O., S.70.——作者

66 还是视为不等值的罪责要素，在何种意义上是不等值的；或者以代数的方式来说，就是应当通过将不同序列中之简单序列的数值加总求和来获得具体犯罪行为的罪责程度，还是应当针对特定序列估算出这一序列数值的乘积。如此获得的可罚性序列构成了一种相应的刑罚措施序列的基础，如果有一种“越……就越……”模式的“次序性法则”（这当然不是经验法则，而是一种应然法则，一个规范）与之相连结的话，这一法则当然不是位于罪责程度的一边，而是位于刑罚措施的一边，它能够以米制的、数字式的方式被把握。故而几乎完全可以用量刑来例证排序的问题。

这个例子同样可以用来说明法律科学领域中序列构造与分类构造之间的关系。人们将量刑建立在犯罪概念本身的基础上，意图从犯罪的特征中推导出量刑的理由。犯罪的特征“违法性”和“有责性”是可分层的，因而犯罪本身是一个“积累性概念”，它的不同程度对应于不同的刑罚措施。[1] 这在事实上是对的，也是有益的，但对这一命题的逻辑形式尚需做一点修正。故而就像这一学说所呈现的那样，它说的是，同一个犯罪概念（罪与非罪借助它被彼此区分）同样要作为可罚性之程度的标准。但这么说也是对的：可分层的概念与分类性概念绝不等同，比较式并不是属性概念的（例如）某个分类性的亚分类构造，分类概念及同名的次序概念毋宁是完全不同的概念。[2] 这一点基于这两个概念的不同区分方法就可知晓：分类性的犯罪概念具有十分鲜明且封闭的界限，甚至可以说它唯一的功能就在于与非罪相区分；相反，作为可分层之概念

① Mezger，Strafrecht，2.Aufl.，1933，S.498ff.——作者

② Hempel und Oppenheim，a.a.O.，S.40.——作者

的犯罪的界限则是模糊和开放的，它从较高的罪责程度逐渐降低，最终甚至越过零罪责程度，从较低的赢利逐渐升高。它构成了想要成为一个连续不断之序列的组成部分，它想要将事实彼此联结在一起，而非像分类性概念那样彼此分离。因而这两种犯罪概念可以说是南辕北辙的：可分层的犯罪概念开启了从罪到非罪的流 67
动过渡状态，分类性的犯罪概念则意味着在某个（从持续流动的连续性视角看来是任意的）点上竖起一道拦河坝。故而对可分层之犯罪概念的分层遭遇了分类性罪犯概念的门槛，尽管据其本身的意义来说它可以继续延伸。这种分类性概念相对于次序性概念的优势再次证明，法律科学在根本上具有分类的性质。

我们已经说明，法律科学通常具有的分类性（在卡尔·施密特及其拥护者那里）面对着不断增长的矛盾。正如我们所看到的，这种性质建立在法的安定性之需求的基础上——故而这一矛盾表达出了对法的安定性——不仅是对其实效，而且是对其一般性价值——的低估。与这种观点进行商榷并非我们的任务，我们只需要评价它给法学方法论带来的影响即可。如果说传统的法律学说为了法的安定性必须广泛地放弃对具体情境的个别化考量的话，那么如今这一要求在对法的安定性进行贬低之后则位于法律思维的核心。因此，许多法律思想家显然很偏爱那种以英美判例法为范本的个案法。故而现在要研究的是，类型学和排序在判例法中

扮演着什么样的角色。[①]

英美法官为具体案件找法（假如不存在成文法的话），但其效果在于，他用以作为其裁判基础、并被宣告为判决理由（ratio decidendi）的法条同样可以适用于未来同等情形的案件。尽管如此，很大程度上并不确定的是，新获得的法条可以覆盖多大范围的案件群。对于面对某个新案件的法官而言，如果他认为先例案件中的判决理由不适合于新案件的话，有大量的防御性手段可供他使用。他可以指明，新案件在事实上与先前的案件有本质不同，因此在法律上要作不同的处理。但他同样可以指明，先前案件的裁
68 判理由相比于为当时裁判案件所必要的程度而言被表述得过宽了，因而仅仅是一种不具有拘束力的“附带意见”（dictum）；继而他会提炼出实际上作为裁判之基础且真正具有拘束力的更窄的法条，即“法律的原则”。但发展的过程同样可能是相反的。某个嗣后案件中的法官可能会持有这样的观点：先前裁判中的法律思想同样适用于当下这个在某些方面有所不同的案件，尽管他在先前法官的判决理由中找到的是一种较窄的表述；继而他会在其自己的裁判中给予法条更为一般性的理解。在一系列相似的、小心翼翼、持续摸索着做出的裁判之后，也许会因为某个新案件的出现，法官最终会将这一序列中以层级式和碎片化的方式提炼出的法律思想进行归纳式的展示。

现在我们要问的是，该如何从逻辑上来概括那个在某裁判中

① 参见 Karl N. Llewellyn, Präjudizienrecht und Rechtsprechung in Ametika, 1933; Goodhart, Determining the Ratio decidendi of a case, Essays in Jurisprudenz, 1933; de Boor, Die Methode des englischen Recht und die deutsche Rechtsreform, 1936。——作者

被确立，但在其后续发展中尚未被预见到的法条。卢埃林[1]用极简之词无与伦比地概括出了它：“每个法条都有三个方面：首先是针对既存者和已被具体意图者的一种完全固定的内容核心；其次是一个流动、具有扩张可能的临界空间，它同样可以借由语句中的偶然语词来同时确定；最后是这样一些可能的倾向，它们部分受到固定的内核、部分受到相邻的法条、部分受到非法律关系的运作、受到法律相关方的各自需求的限定。”[2]也即是说，一种毫无疑问地适用于一系列核心案件的思想构造物，无法明确地被认定，它在多大程度上同样适用于位于其模糊边界之这一侧或那一侧的案件；周围相似的构造物也具有固定的内核和流动的边缘，它们会十分缓慢地凝固为一种相对于临近构造物的鲜明分水岭，或者相反，与后者一起汇入某个构造物之中。在我们看来，这种思维构造物在逻辑上不外乎可以被概括为类型概念，而在与此相关的操作步骤中，排序同样发挥着作用。当然，这些类型概念只是通往致力于作为终极形式之分类概念（即将出现的分类概念）的通道而已。但这种即将出现的状态事实上是一种持久状态，它无法被终局性地逾越。当下与未来情形的不可预测性可以说明，从表面上看终局 69
性地建立起固定界限的分类概念总是成问题的，总是被证明为是流动的。

但不仅是英美法官的判例法，也包括欧陆的立法者实际上都

① 卡尔·卢埃林（Karl N. Llewellyn，1893—1962），美国法学现实主义的主要代表之一，美国《统一商法典》起草人。主要著作有《棘丛——法律及其研究》《普通法传统》《法理学：现实主义的理论和实践》等。——译者

② Präjudizienrecht und Rechtsprechung in Ametika，S.79.——作者

是在为具体情形——当然,这些情形并不是由立法者为当时当地的生活所作的现实决定,而是通过他的记忆或想象力来提供的——去发现法律。威廉·文特曾说明,一般概念在心灵生活的现实之中是通过具体情形中的"代表性观念"(repräsentative Vostellung)来被主张的。[①] 但这种代表性观念(就如一般意义上的前科学的概念一样)具有"不含固定界限的类型"的性质。故而典型的具体情形同样会浮现于立法者——他既没有概观到所有情形的整体,也不愿满足于不可直观之思想形式的抽象一般性——的眼前,无论它是最频发的情形抑或是最偶然的情形。从而,被认为是分类性的制定法概念就以秘密和无意识的方式太过轻易地保持了类型概念的特征。出自立法者之手、尚未被解释的制定法(对于这样的制定法而言,尚未确定,它究竟应作扩张解释抑或严格解释,是进行类推适用抑或是反向论证),是一种在类型学上尚具有流动之边界的构造物。卢埃林的那种描述既适用于判例法,也适用于制定法的这种原初状态。当然,即使在这里,类型学也只是一种值得追求之分类概念的雏形,是从类型概念向分类概念转变之逻辑运算的出发点。

假如对于现代立法者而言,类型概念被说成只是一种追求分类概念之方法的副产品的话,那么罗马立法者就非常有意识地满足于类型概念,并将类型概念续造为分类概念的任务留给了解释。《学说汇纂》(1.3)一再以新的术语再三提醒立法者,在进行规范调整时只能受到"很容易发生、频繁出现的大多数情形"的引导,而不

---

① Wundt, Geundriß der Psychologie, 3. Aufl., 1898, S.315.——作者

要受到“很少发生、偶然发生的任意情形”的引导。继而解释和司
法的任务就在于，将制定法所阐明的法律思想（语句）延伸至类似
情形（相似性论证[ad similia procedere]）之中（1.12），并基于那些 70
授予明确被调整之情形同样之目的思想支配的情形，对制定法予
以补充（1.13）。但即便在解释活动中，（法官）也被告诫在构造分
类概念时要十分谨慎：“法律中的一切定义都是危险的”（1.202；D.
50.17）。罗马人对抽象化抱有畏惧之心，而这恰好构成了英国法
律思想的本质。

我们看到：对于法律科学而言，无法简单地对“分类概念抑或类型概念”的问题做出回答，而这产生了分类性的思维形式与类型化的思维形式间的一种协力。但这里所作的阐释绝非意在穷尽这一主题，它只是想激发人们去对我们方法论中的这个可能是最重要的问题进行反思。

96
制定法与法
(1947 年)

我们现在所经历的这场历史性地震不仅将岩石荒芜凌乱地抛到了地表,而且也使得其余被遮蔽的不可动摇的底层清晰可见。

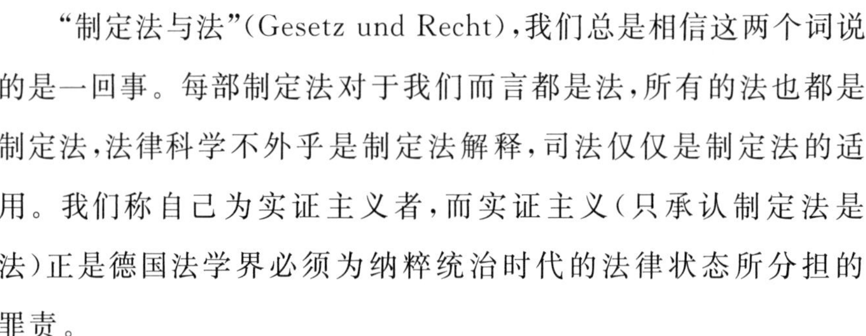

“制定法与法”(Gesetz und Recht),我们总是相信这两个词说的是一回事。每部制定法对于我们而言都是法,所有的法也都是制定法,法律科学不外乎是制定法解释,司法仅仅是制定法的适用。我们称自己为实证主义者,而实证主义(只承认制定法是法)正是德国法学界必须为纳粹统治时代的法律状态所分担的罪责。

因为实证主义使得我们无力去反抗不法,它只理解和接纳制定法这一形式。我们必须看到,存在着一种以制定法形式出现的不法,一种“制定法的不法”(gesetzliches Unrecht),只有根据一种超制定法的法的标准才能来衡量什么是法,无论是将这种超越所有制定法的法称作自然法、神法还是理性法。这种超制定法的法也可以采取制定法的形式。继而,它的标志在于通常被人们所厌恶的制定法的溯及既往。在这些情形中,德国法并非制定法的产物，而是其原因：制定法在此只是表述出此前的法是什么。关于“惩罚犯有战争罪、反和平罪和反人道罪之人”的《盟国对德管制委员会第10号法令》就属于这种类型，美国占领区的两部德国姊妹法也属于这种类型：即《纳粹犯罪行为惩罚法》和《纳粹刑事司法中不法行为补偿法》。因而即使当这类制定法并没有被明确颁布，其本质性内容也可作为超制定法的法来适用。如果我们现在能通过一系列的司法实例来指明超制定法的法是如何突破实证主义的外壳的，那么我们就必须不加区分地同样引用那些将裁判建立在具有溯及力之制定法基础上的法律案件。

我们已经在两个关于没收犹太人财产的裁判中遭遇过这种双重证立。威斯巴登地方法院的一份判决书中说道：“宣告将犹太人的财产收归国有的制定法与自然法相矛盾，在颁布时就是无效 97
的。”弗莱堡州高等法院的一份裁判书依据《盟国对德管制委员会第10号法令》，将1940年国家领导机构没收犹太人财产的行为宣告为反人道罪。

相比于这两个裁判，对逃兵案的裁判遭遇了更大的矛盾。当然，在侵略战争从法律上被定性为一种国际犯罪之后，逃避这种战争的逃兵就不再被认定为是违法，也不再被说成是可罚的了。但当萨克森州的一个逃兵（他枪杀了一个试图逮捕他的警察）的逃亡行为和杀人行为都被宣告为无罪时，这一结果就遭遇到了极大的矛盾——但鉴于对于那场战争的那种原则性理解，从紧急避险（如果够不上正当防卫的话）的角度来看逃兵的行为还是合理的。相反，对于纳粹时代的告密者，如泄密者戈德勒（Gördeler）或朔尔兄妹(Geschwister Scholl)①的司法裁判例是值得赞同的。弗莱堡州法院曾将向盖世太保告发反纳粹言论的行为作为反人道罪来处罚:“可罚性并不因此被排除,即被告人是在当时有效之法秩序的框架内实施告发行为的。”“他们的罪责并不因为他们的行为当时在形式上合法就被免除。”相反,在众所周知的普特法尔肯(Puttfarkken)告密者案中,埃尔福特-诺德豪森的刑事陪审法院无须去超制定法的法那里去寻求庇护,它基于告密者协助“司法谋杀”的行为——它在卡塞尔州高等法院针对被告密者的死刑判决中找到了根据,即告密行为依照当时有效的制定法压根就不构成叛逆罪——而对他们施加刑罚。“当帝国法院和州高等法院在当时,尤其是在最后数年中几乎将每种不受欢迎的言论,尤其是每种侮辱当时的领袖的言论都视为叛逆罪来处罚时,这并不会改变对卡塞尔州高等法院之判决的判断。州高等法院的法官并没有受到其他法院之任何一个先前裁判的拘束,而是受到制定法的拘束。”

故而在这一告密者案判决的背后已浮现出这样的可能,即让法官基于其刑事判决承担刑法责任,这种可能已在萨克森州变成了现实。萨克森总检察长已启动刑事程序来追究不人道之司法裁
98 判的责任,即使这类司法裁判是基于纳粹制定法做出的。“没有任

① 朔尔兄妹,指汉斯·朔尔(Hans Scholl)和索菲·朔尔(Sophie Scholl),是反纳粹主义运动组织白玫瑰的成员。朔尔兄妹1943年2月18日在慕尼黑大学派发传单时被管理员注意到,并报告给盖世太保。在罗兰德·弗莱斯勒的指示下,人民法庭在1943年2月22日宣判他们死刑。同日,在慕尼黑的斯塔德海姆监狱执行斩首。他们的坟墓在Perlacher森林的公墓里。——译者

何法官可以援引一部不仅不公正，而且近乎犯罪的制定法，并照此操控裁判。我们要诉诸于超越一切成文规章的人权，诉诸于不可剥夺的远古权利，剥夺不人道之专制者下达的犯罪性命令的效力。”据此，一个基于这类制定法的死刑判决可能构成谋杀，本身也要被处以死刑——当然，我们应当补充道，只有在法官的罪责也被证明之后才能这么做。因为任何针对司法裁判的刑罚都以此为前提：这一裁判同时是在枉法。但枉法需要存在违法的意识。然而受实证主义教育的法官必然会假定，适用制定法是一项绝对的义务，即使这部制定法包含着如此可受谴责的内容，也就是说，他们是不含任何不法意识地去实现制定法的不法的。数十年来毫无争议地占统治地位的实证主义不会因为有损于法官——他们受到支配性学说的引导——而突然遭受否认。

相反，大众关于有组织谋杀（人们曾掩饰性地称之为“无痛苦死亡”）之司法裁判的法感也毫无疑问值得赞同。在法兰克福·艾希贝格案（Frankfurter Eichberg Prozeß）中，在辩护人与公诉人之间爆发了大规模的舌战。针对辩护人从法的安定性立场出发反对制定法的不法这一假定的做法，公诉人以这句话来终止陈述：法院必须决定，它是将写有独裁者之命令的一张纸看得更重，还是将“不得杀人”这一永恒的箴言看得更重。法院最终判定，希特勒关于有组织谋杀的秘密法（Geheimgesetz）尽管在形式上是制定法，但在内容上已经是不法了，因而判决被告的医生有罪。

最强烈地引发公众关注的是埃茨贝格尔（Erberger）的谋杀者蒂尔艾森（Tillessen）在弗莱堡被宣告无罪的那个案子。当时的法院承认了 1933 年的纳粹大赦法——希特勒由此实现了他对于波登巴案谋杀凶犯们(Potempa-Möder)[①]的承诺,他感到收获了他们的无限忠诚,他们的自由在这一刻变成了一个“我们的荣耀”的问题——的效力。让全体公众无法理解的是,弗莱堡的法官没有将这部大赦法视为制定法的不法,尤其是,因为他为了支持这一观点同样援引了《盟国对德管制委员会第1号法令》中的一个条款(第2条)以及在美国占领区中生效的关于惩罚纳粹犯罪行为的制定
99 法。如果不是占领当局否决了这一错误判决的效果(这种做法与我们关于司法独立的观点是不相容的),对这一弗莱堡判决的拒绝或许还会来得更开诚布公些。超制定法的法的观念在司法裁判的各处一再被强调,看上去也符合一种普遍的时代需要,它绝非新的学说。千年以来它一直被人所主张,从古代——如基督教的中世纪和启蒙时代——开始,经过天主教-托马斯主义的法哲学持续不断地延续到今天。与数千年的时间相比,实证主义的百年光阴是何其短暂!人们可以将它追溯至费尔巴哈和萨维尼,他们基于十分不同的精神——前者基于思辨哲学,后者基于浪漫主义的立场——在同一种关于制定法之绝对拘束力的学说中相汇合。但这必然会导致哲学和历史的嫩芽和花朵枯萎凋零,只剩下实证主义的干枯树干矗立在那里。

但实证主义也有它好的一面,我们不应该对其学说视而不见。无论如何,必须维系这种实证主义学说的效力,即应在不顾及其内容的前提下将制定法视为是有拘束力的法。法治国和法的安定性

---

① 波登巴案发生于1932年6月帝国议会选举前后,在选举中获胜的德国民主社会主义工人党及其主席希特勒公然支持谋杀凶犯。——译者

要求制定法原则上具有拘束力，只有在极罕见的情形——如我们在纳粹时代所体验并希望不再体验的情形——中才会松动这种要求。一位纳粹法学家曾在一个预见性的瞬间敏锐地勾勒出运用超制定法之法律思想的界限："尽管法官原则上受到制定法的拘束，但他的使命和尊严不容许他去适用明显和粗暴地违背法理念的制定法，去适用一个恰好有违关于法与不法的鲜活民族感以及民众习俗的规范"。无论如何，在我们看来的确可能存在制定法的不法，如果掌权者从来就不曾去追求法理念、正义和人性，如果他（就如在"纽伦堡种族法"中那样）有意脱离法律面前人人平等的思想，脱离所有（长着人的容貌的）人都享有相同人权的思想，如果他只贯彻权力话语（Machtspruch）而不颁布法律规范的话——因为我们只能将法概念确定为，它是一种实现法理念的努力。

在此范围内，承认一种超制定法的法的危险也没有被忽视。100
但所有的质疑都不能将问题推到一边，也都不能解决正义与法的安定性之间的悖论，这一悖论存在于一切法之中，它可以用福音书中的两段表面看上去相互矛盾的话来表达：保罗的话（《罗马书》，3，1）："在上有权柄的，人人当服从他，因为没有权柄不是出自于神"，以及彼得的话（《彼得前书》，5，29）："相对于人，我们更应该服从于神"。

229 作为法律思维形式的事物本质
(1948年)

"事物本质"(Natur der Sache)的概念属于一般精神史概念。如席勒曾考虑通过这一思维形式来对歌德的思维方式作最正确的概括:通过其"稳固的风格,总是从对象中获得法则,从事物本质中推导出它的规则"①。事物本质是致力于弱化所有那些粗糙的二分法——实然与应然、现实与价值——的解决办法,它在事物中寻找理性;它是那两种思维方式相互抗争的关键词,在精神史上一再重新爆发,在德意志天才的古典时期展现在两个伟大的人物康德和歌德的身上。

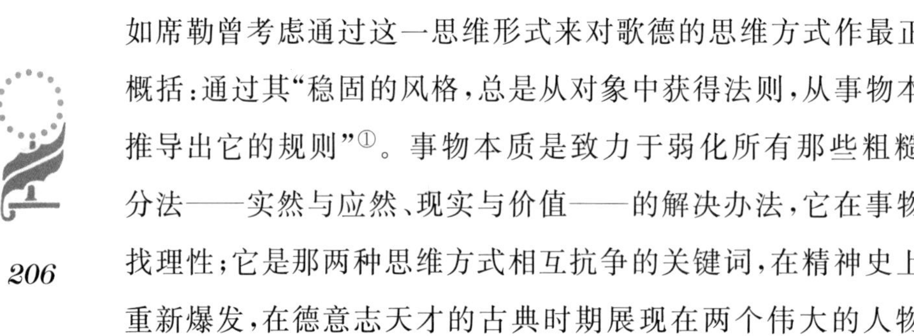

本文涉及的只是作为法律思维形式的事物本质。② 对于这一思维形式在法学方法论中被使用的历史在此只能作一概览式的透视③——因为它并不是一种连续的发展过程,而是一种一再被打

---

① 席勒于1795年11月9日写给威廉·冯·洪堡的信。参见附录Ⅰ。——作者

② 参见我的论文 La Natura della cosa in der Rivista Internazionale di Fil del Dir. anno XXI(1941)。本文是这篇早前论文新的扩充版。——作者

③ 教义史概览参见 Max Gutzwiller, Zur Lehre von der N. d. S. in der Festgabe der Jur. Fak. Freiburg f. d. Schweizer Juristenverein 1924, S. 294ff., 以及 Hermann Isay, Rechtsnorm und Entscheidung 1929, S.78f.。文献说明亦可参见 Alberto Asquino, La natura dei fatti come fonte di Dirtto, Archivo qiuridico Serafini, vol. 85, 1921, pag 129s。——作者

断的相互没有关联的序列。这一想法的源头在于希腊思想（自然正义[physei dikaion]），它的拉丁语新创词“物性”（rerum natura）可以追溯到卢克莱修[①]，他的教育诗用了这一标题。它的广泛传播可能要归功于所谓《卢克莱修全集》的身后编纂者西塞罗。事物本质的思想从他那儿传到了罗马法学家那里，进而影响到了《学说汇纂》。[②] 中世纪继受了这一思想，尤其是托马斯·冯·阿奎那。[③]
在近代，事物本质的概念尤其为孟德斯鸠的《论法的精神》所继受， 230
此书的第一章以这句话为开端：“从最广泛的意义上来说，法是由事物本质产生出来的必然关系。”[④]从那儿开始，这一用语一直被强调，它出现在日耳曼法学家（伦德[Runde]）[⑤]和罗马法学家（福格特[Voigt][⑥]、莱斯特[Leist][⑦]）那里，出现在历史法学派（萨维尼、普赫塔）和概念法学（耶林）的框架内，以及自由法运动（阿迪克

① 提图斯·卢克莱修·卡鲁斯（Titus Lucretius Carus，前 99—前 55），罗马共和国末期的诗人和哲学家，以哲理长诗《物性论》（De Rerum Natura）著称于世。——译者

② 关于 rerum natura（物性）参见附录Ⅱ。——作者

③ “自然法：吻合每个人的本质之律”（转引自 Geyer，Gesch. und Syst. d. Rechtsph. 1863，S.26）。“人类行动通过从造物中推导出来的理性规范获得其规制”（Mausbach，Naturrecht und Völkerrecht，1918，S.27）。——作者

④ 关于孟德斯鸠参见附录Ⅲ。——作者

⑤ 尤斯图斯·弗里德里希·伦德（Justus Friedrich Runde，1741—1807），德国法学家和法律史学者，著有《德意志一般私法原理》等。——译者

⑥ 莫里茨·福格特（Moritz Voigt，1826—1905），德国法学家，著有《自然法学说》《罗马法法律史》等。——译者

⑦ 伯克哈特·威廉·莱斯特（Burkard Wilhelm Leist，1819—1906），德国法学家，著有《探寻罗马法律体系的历史》《自然理性与事物本质》等。——译者

斯[Adickes][①]、埃利希)之中，尤其也出现在天主教法理论(毛斯巴赫[Mausbach][②])之中。[③] 并非偶然的是，它也出现在商法之中(维万特[Vivante][④])，其中总是一再清晰地通过商业交易活动的发展来确定制定法。[⑤] 即使在其他作者那里，也可以清晰地找到事物本质的概念，例如在“立法的现实”的学说(欧根·胡贝尔)、在现象学上的“本质直观”(赖纳赫[Reinach][⑥])、在“具体秩序思维”(卡尔·施密特)之中。[⑦]

我们不应将事物本质误解为一种自然法的思维形式，毋宁说

① 弗朗茨·阿迪克斯(Franz Adickes，1846—1915)，德国法学家、地方政治家，著有《法源学说》。——译者

② 约瑟夫·毛斯巴赫(Joseph Mausbach，1861—1931)，德国神学家和政治学家，著有《基督主义与世界道德》《天主教道德》《德国宪法中的文化问题》等。——译者

③ Justus Friedr. Runde, Grundsätze des gemeinen deutschen Ptivatr., 8. Aufl., 1829, § 80, S.72; Moritz Voigt, Die Lehre vom jus naturale, Bd. Ⅰ, 1856(参见索引，尤其是第547页及以下); Burk. Wilh. Leist, Civilist. Studien, Bd. 1, 1854, Bd. 4, 1877, 以及 Naturalis ratio und Natur d. Sache, 1860; Franz Adickes, Zur Lehre von den Rectsquellen, 1872; Eugen Ehrlich in den (Wiener) jurist. Bl., Bd. 14, 1888, S. 510ff., 581ff., Soziologie des Rechts, 1913, S. 285ff., Juristische Logik, 1918, S. 230f.; Mausbach, Naturrecht und Völkerrecht, 1918, S.26ff.。一篇对于本文而言深具指导意义的专论参见 Max Gutzwiller(参见前注)。关于莱斯特参见附录Ⅳ。——作者

④ 恺撒·维万特(Cesare Vivante，1855—1944)，意大利著名商法学家，著有四卷本的《商法学》。——译者

⑤ 关于维万特参见 Asquino(参见前注)以及 Di Carlo, Il dirtto naturale nel pensiero Italiano 1932, p.66ff.。——作者

⑥ 阿道夫·赖纳赫(Adolf Reinach，1883—1917)、德国哲学家、现象学家、语言学家以及法理学者，著有《论现行刑法中的原因概念》《法现象学：民法的先验基础》等。——译者

⑦ Eugen Huber, Zeitschr. f. Rechtsphilos., Bd. 1, 1914, S. 39ff.; Adolf Reinach, Die aprior. Grundlagen d. bürgerl. Rechts, 1913; Carl Schmitt, Über d. drei Arten des rechtl. Denkens, 1934。亦可参见惹尼(Gény)的“事实条件”(données)说。——作者

事物本质与自然法是对立面。自然法来自于人的本质：理性引导出并要求证立一种同等适用于所有时代和所有民族的法，但从事物本质中产生的是历史的和民族的法律形成的多样性。因而它十分适合用作历史的、民族的、保守主义的法律思维的基础。例如十分容易理解的是，历史法学派尽管对自然法持反对立场，但却乐于利用事物本质。[①] 贝克尔证明，“萨维尼的体系完全是从事物本质演绎出来的”，兰茨贝格（Landsberg）[②]正确地将事物本质在精神史上的位置定位于18世纪抽象的理性法与19世纪的建构主义之间，即历史法学派之中。耶林也曾说过，没有哪个表述能像事物本 231
质的用语那般忠实地反映其方法论学说。[③] 只是当历史法学派蜕变为实证主义，当下的支配性思想变为从根本上担心对法的安定性之威胁后，事物本质和自然法才遭受了同样的诅咒。如今温德沙伊德可以将事物本质称为“一种并非不当地被诋毁的表述”，而那种自然法异端邪说的伟大判官贝格鲍姆（Bergbohm）[④]也将其神迹延展至它之上：他讽刺道“人们想迫使事物本质给出一个并不存在的法律规范”。[⑤] 但在大约同一时期，登伯格为事物本质之概念和任务写下了经典之语：“生活关系（无论发达程度如何）承载着自

① E. I. Bekker, Streit zw. D. Histor. u. d. Philosoph. Rechtsschule, Heidelberg, akad. Rede 1886, Anm. 10. Erich Jung, Das Probl. d. natürl. Rechts, 1912, S.39ff.; Landsberg, Gesch. d. dt. Rechtsw., 3. Abt. 1898, S.452.——作者

② 恩斯特·兰茨贝格（Ernst Landsberg, 1860—1927），德国法学家、法律史学者，著有《德国法学史》（三卷本）。——译者

③ Jhering, Geist Ⅱ, 2 u.3. Aufl., 1875, S.388.——作者

④ 卡尔·贝格鲍姆（Karl Bergbohm, 1849—1927），德国法学家，制定法实证主义的代表，著有《法学与法哲学》。——译者

⑤ Bergbohm, Jurisprudenz u. Rechtsph., Bd.1, 1892, S.353.——作者

身的标准及其秩序。人们将这种内在于事物的秩序称为‘事物本质’。当实在规范缺失或不完整、不清晰时，有思考的法学家就必须回溯到它[①]。不能将事物本质与自然法相混淆。自然法以来自于人的本质的推论为基础。它并不适合直接用于法律适用。”[②]

就像法学精神史的诸阶段一样，以事物本质为标志的法律思维方式之不同文化领域也彼此分离。继受罗马法之诸邦的法律秩序和嗣后的法典化运动受规范主义法律观的支配，很不情愿、也极少运用事物本质的思维形式来解释制定法和填补制定法漏洞。相反，罗马法这种活法则是一种从根本上创造自事物本质的法。特奥多尔·蒙森说过，“对于罗马民族而言，没有任何东西比得上朴素而坚定地去实施为本质本身所预先规定的法律关系”，而在相同的意义上，他在一份为罗马法所作的新辩词中说道：“罗马法学家的追求是找到这样的规则，它来自于事物本质，来自于生活关系的本质。”[③]英美判例法同样意味着——在成文法和有拘束力之先例

232 的规范主义框架内——根据事物本质的法律发现，尤其是衡平意味着一种不同于普通法的僵化组成部分，去合乎事物本质的努力，一种最终自然导向判例法中有拘束力之先例的努力。这种英国法律思维方式深深根植于英国的精神特质之中：“就其法律体系和政治而言，英格兰人的全部立场都基于经验方法之上，只是当出现问

① 指事物本质。——译者

② Dernburg, Pandekten, Bd.1, 3. Aufl., 1892, S.87.——作者

③ Mommsen, Röm. Geschichte, Buch 1, Kap.5; Fritz Schulz, Prinzipien des Röm. Rechts, 1933, S.24.——作者

题时才去研究它们;主流观点对于过度的定义和预先的制定法调整感到厌恶。”[①]

事物本质的用语逐渐变为一般语言用法,即作为一种不言而喻性的表述形式,它显得无须证立,并可以径直切断进一步的讨论。有时它在法律实践中看起来也没什么两样:无须其他理由就提出明证的宣称。但法理论尚未充分澄清事物本质的逻辑本质,即实然确认与价值判断之间值得注意的联系。这里要初步探讨三个问题:“事物”是什么?“本质”是什么?“事物本质”的拘束力来自于哪里?

1. 这里所考虑的“事物”指的是法必须去塑造的根基、物质和质料。就此而言,作为法律判断之质料的究竟是法官面对的个案抑或是立法者和法学者面对的相互关联的个案整体,这并无二致:探寻事物本质的方法在两种情形中是一样的。法的质料是人们的共同生活,是内在于社会的生活关系和生活秩序的整体,以及作为这些关系和秩序之组成部分的生活事实。如果我们尝试去概览和整理这些现象的话,[②]我们就必须从自然事实(Naturtatsachen)出发——从苹果落到篱笆之外(这对于相邻权具有重要意义)到地球的转动(最终据此来确定法律期限和日期)。人类对于自然的不断支配和技术的进步创设出了新的质料和新的法律问题,例如,通过电话进行缔约是缺席者之间的缔约还是在场者之间的缔约?事物与人之间的清晰关系构成了民法和刑法中不断积累的充满精神意

① Sir Henry Slesser,The Law 1936,p.16.——作者

② 类似的观点参见 E. Huber und Gutzwiller,a.a.O.。——作者

233 味的概念，如拘留、监禁、占有、财产及其法律评价的基础。一个在我们的意义上的自然造物，一个存在者，同样包括拥有身体和精神存在的人，只要他可以作为法律调整的对象：对于法的精神在很大程度上具有决定意义的是，立法者是依据十分聪明和自利的经济人的形象（像民法那样），还是依据充满共同责任感的形象（像公法［如对选举权的授予］那样）来构想“法律上的人”。[①] 大量的原始事实和原始关系，“人类生活的自然形式”（维克多·黑恩[②]）构成了共同法，尤其是亲属法和继承法的支柱性基础：出生与死亡，童年、青年与老年，性关系与生育，父母与子女都是动物性事实，乌尔比安（Ulpian）[③]在此基础上建立起了这种意义上的自然法——大自然教导一切动物以法：男性和女性的结合、生育和教育子女。但法的质料并非是所有那些作为纯粹自然原始材料的关系和事实，法并不直接涉及自然的性关系和生育关系，毋宁说涉及的是社会构造物（前述关系构成了其自然内核）：一夫一妻制或多配偶制、母权制或父权制。对于确定法律上的时间而言地球的转动并不起直接的决定作用，而是要通过日历的习惯性调整才行。法的质料是

① Radbruch, Der Mensch im Recht, 1927; Hugo Sinzheimer, Das Problem des Menschen im Recht, Groningen, 1932.——作者

② 维克多·黑恩（Viktor Hehn, 1813—1890），德国文化史学者，著有《歌德及其著作》《盐：一段文化史研究》等。——译者

③ 多米提·乌尔比安（Domitius Ulpianus, ？—228），古罗马五大法学家之一，著有《学说阶梯》《敕令评论》《萨比尼评注》和《法律论》等。他的著作是查士丁尼《法学汇编》的主要来源，构成了该汇编近1/3的内容。在法学理论方面，他在历史上第一次区分了公法和私法。——译者

一种用概念进行各式各样之预制的现实。[①] 歌德在《威廉·迈斯特的漫游年代》(第三卷,第一章)中说,哪里有人,哪里就有歌声,并在这种情形中来说明这句话——当人们在社会中聚集时会随之立即产生出他们将如何聚集和相处的方式方法。

故而我们所概览的第一种类型已然提示了第二种类型:**法律关系的雏形**,它们已然通过受习惯、传统、风俗、商业惯例、社会风气调整的生活关系,即“原始习惯法”(unentwikelte Gewornheitsrecht)[②]来形成,如成为债法之基础的交易类型,要求自己被提升为法人的城镇和教会,已经为民众的良知所唾弃并要求施以禁令和刑罚的 234
反社会行为,也包括法如果不考虑将其定位为错误的风俗就无法与之抗争的“恶习”(决斗、赌博)。

这种法律调整的雏形与习惯法之间不存在严格的界限,因而通向了“事实”的第三种类型——因为**受法律调整的生活关系**也可以成为法的质料,因而成为事物本质的材料。跨民族与跨时代的法、国际法、国教法、诉讼法属于第二层次的法,即上一楼层的法,在它们下面的一楼住着其他法。即便当人们谈论经济事实及其对于法的影响时,人们也(就像斯塔姆勒在对唯物史观进行批判时所做的那样[③])不可避免地会一并想到对它们的法律调整——它们属于法律生活的片段。即便是过去的法也会在新法中发生后续效应,它并非只以过渡性条款和“既得法”的形式出现:它做出了一个

① Radbruch, Rechtsstoff und Rechtsidee, Kantfestscrift d. Intern. Vereinigung f. Rechts-u. Wirtschaftsph., 1924, S.183ff.——作者

② Walter Jellinek, Verwaltungsrecht, 3. Aufl., 1931, S.155.——作者

③ Stammler, Wirtschaft und Recht, 3. Aufl., 1914.——作者

区分，即一个新的法律调整是取代了迄今为止与之相对立的法的位置还是建立在迄今为止毫无建树的新大陆之上，以及相反，一个制度（如死刑）是被取消了还是它没有被引入。很多时候自然法根本没有注意到这一区分——但是，例如议会主义（就像英国那样）是直接从早前的等级会议中发展起来的，还是作为一种新的构造物被镶嵌到专制国家（如法国和德国）中去的，这难道是一回事吗？在此意义上，歌德在《威廉·迈斯特的漫游年代》（第二卷，第二章）中做出了矛盾的表述，即要将“市民社会视为一种自然状态，无论它所采取的国体为何”。因为既存之法律状态也要被视为“事物”，所以事物本质对于历史的和保守的法律观而言是一种特别有用的工具。

2.关于“事物”就谈这么多，接下来谈它的“本质”。不言而喻的是，“本质”在此不能作自然主义的理解，不能一般性地被理解为一种存在者。当登伯格将事物本质说成是一种内在于生活关系的秩序时，只能将它理解为关于某种纯粹理想的一幅直观图像。事物本质是它的本质和意义，它并非是任何一个人现实地想到的东
235 西，而仅仅是从生活关系的状态本身中提炼出的客观意义，是对这一问题的回答：如此这般的生活关系怎样才能被认为是有意义的，即怎样才能被认为是某个理想的实现——以及是何种理念的实现？被寻找的还有它要实现的法律意义和法理念。萨维尼曾说过，法“从特定维度来看，要被视为人们的生活本身”[1]——因而某个事物的法律意义意味着，在特定视角下，从生活关系的整体中解

① Savignys “Beruf”, Ausgabe 1892, S.18.——作者

读出特定的特征。当安塞尔姆·费尔巴哈(画家)[①]说,风格是对非本质之物的正确抛弃时,这有可能是他从他祖父(法学家)那里学到的:因为法学风格同样是对非本质之物的正确抛弃。如此获得的法律特征在某种法理念的支配下将被归纳为一种整体性的意义构造,很多时候是、但并非总是一种目的论构造,一种法律目的和手段的构造。故而生活关系将被转变为一种法律制度,转变为一种理想类型的形式,但这一方法就是我们已经说过的法学建构(juristische Konstruktion)。[②] 有人曾想从现象学的立场出发,将它标识为“本质直观”,但却没有获得广泛的赞成。[③] 与此相反,我们曾试图借助李凯尔特和马克斯·韦伯的方法论,借助于意义、理念、理念关涉性和理想类型来仔细审视它。这一程式的路径从生活关系及其具体行为规则开始,经过其涉及理念之意义的澄清,向上攀升到法律制度的理想类型为止,但对其结果的展示习惯上相反却从法律制度开始,从中展开具体的法律规则——不仅包括构成建构之出发点的法律规则,也包括其他从法律制度之本质中通过逻辑推论推导出的新的法律规则。这样一种展示同时也是一种样本测试:通过被推导出之法律规则的圆满性与无矛盾性,它确保了建构的正确性。因而事物本质是一种严格的理性方法的结果,

① 安塞尔姆·费尔巴哈(Anselm Feuerbach,1829—1880),19世纪后半叶最著名的德国画家之一,新古典主义的画家,属于德国-罗马派,主要选择希腊神话故事为绘画题材,作品有《南娜》《伊菲革涅亚》《巴黎审判》等。要注意将其与刑法学家安塞尔姆·冯·费尔巴哈相区分,前者是后者之孙。——译者

② 关于法学建构参见附录Ⅴ。——作者

③ Reinach,a.a.O.(参见前注);对此的书评参见 Kantorowicz,Logos,Bd.8,1919,S.111ff.——作者

而不是什么“直觉的巧合”[①]。欧根·埃利希在举了一系列例子来
236 支持根据事物本质的论证后说，“还有什么能比像这儿一样借助基于实在制定法规定之最敏锐的辩证法，表述出具有更大安定性与确定性的法律规范吗?”[②]

3. 随着将事物本质概括为涉及某种法理念之生活关系的意义，就已经对这一问题做出了决断:事物本质在何种界限内能主张**法律效力**(Rechtsgeltung)。[③] 它虽然并非存在者，但受到存在者的约束:它是应归于某个事实上的生活关系的意义，是作为这一意义之基础的法理念的表达——但并不因此就被证明为是有效的。事物本质并不是某种因其自身就有效的东西，并非法的渊源，只有当某个法源明示或暗示地确保其空间时，它才有效。它是一种解释和填补漏洞的手段，只要它所表明的生活关系的意义以及它所立基的理念与制定法的精神并不矛盾。它是解释制定法和使得制定法圆满化的终极理由，只有当为了调整某种生活关系却无法证明具体立法者所追求的理念，而有必要诉诸于“一般意义上的立法者”即抽象的立法者时，它才有适用的余地。

此外，事物本质也是相对于立法者的一种主导性思想。[④] 立法者主流上的主导性思想当然是法的理念。但法的理念不仅有必

① 就像我以前所想的那样:Rechtsphilosophie，3. Aufl.，1932，S.7。——作者

② Juristische Blätter(参见前注)，S.583.——作者

③ 关于事物本质的无条件决定性，也可参见 Reinach，S.158 以及 Gutzwiller，S. 298。——作者

④ 运用事物本质的例子参见关于社会法的附录Ⅵ。——作者

要回溯到事物本质上去，而且是被后者内在地确定的，事物本质不可分离地融合于其中。事物本质与法的理念的这种关系是我们接下来所讨论的对象。

事物本质的思维形式是否会遭受这样的谴责，也即在康德那里通过存在者来证立或限定应然者时所面临的谴责：“对所谓矛盾之经验的粗俗援引”？事物本质当然首先显现为对法理念之贯彻可能性的视角。在这一视角之下，事物本质意味着“对迟钝世界的反抗”，法理念为了自身的实现（在时间上）必然迟早要适应它。梭 237
伦早就回答过这个问题，即他是否给了他的公民可想象得到的最好的制定法：“当然不是绝对最好的，但却是能够实现的最好的。”但事物本质并不仅显现为实现法律思想的障碍，它毋宁要深入到法律思想的内容本身中去。它要根据法律思想得以产生的“历史气候”（它对法律思想之内容的影响不可避免）来说明。立法者习惯上并不属于那些（依照歌德的话来说是）“追求不可能之事”的人，其法律思想多数情况下从一开始就无意识地停留在历史可能性的界限之内，因而悄悄潜入了事物本质。但对可实现性以及历史气候的这种限定条件的考量并不仅仅被视为迫不得已之事，它还向事实上的权力提供了法理念——法和权力彼此间联系紧密：因为法理念本身的一个根本性组成部分在于法的安定性，而它只为这样一种法所独有，它并不去让权力屈服，而是利用它。但通过再三考量我们会发现，法理念在更深层上合乎本质地与事实性联系在一起。“所有的理想，一旦为现实所挑拣，最终都会耗尽现实和自身”，歌德如是说。都是为某种特定的质料来确定，因而同样

也要被这一质料所确定，所有的作用（用埃米尔·拉斯克的话来说[①]）都在特定根基之上起作用。艺术家用大理石来实现的理念是一种理念，而用黄铜来实现的则是另一种理念。理念与质料间的这种关系可被称为理念的质料确定性。故而法理念同样合乎本质地为法质料、为各个时代、为特定的民族来确定，也被它们所确定，简言之，即被事物本质所确定。

在其关于美学教育的信笺中，席勒感觉敏锐地描绘了质料如何回溯到形式，回溯到理念。[②] 他以手工艺者和艺术家为出发点：当他们将尚未塑形的材料放在手上时，他们毫不迟疑地“对其施加力量”，因为它们所要加工的自然之物“本身并不值得任何尊重”。238 当然，艺术家由此就保持了自然顺从于艺术形式的美丽外观。对于这种生硬的二元论，我们当然要反对道，艺术家和手工艺者因为有能力来自由选择其质料（例如大理石或者黄铜），所以没有必要对其施加力量。接着，席勒转向了“教学性和政治性的艺术家”（我们同样可以将法律人视为这类艺术家）。这类艺术家将人同时作为他的材料和任务，因而在这里目的并没有转回到质料上去，“只要整体服务于部分，部分就可以与整体相连接。与优秀的艺术家面对其材料时所保持的尊重完全不同，治国理政者必须走向对自身的尊重，这并非仅仅是主观想象出来的欺骗性效果，而是客观

① Emil Lask，Die Logik der Philosophie，S.57ff.（“意义区别”说）。拉斯克也曾通过透彻的讨论来促进澄清法质料与法形式之间的关系，这篇“法哲学”文章载于库诺·费舍尔（Kuno Fischer）的祝寿文集：Die Philosohie im Beginn des 20. Jahrhunderts，1.Aufl.，Bd.2，1905。——作者

② Schillers Werke，herausgg. von Reinard Buchwald（Inselverlag），1940，Bd.2，S.242.——作者

的，为了支持其内在价值，他必须爱惜其气质和个性。”席勒还为政治和法律中理念之质料确定性领域奠定了另一种道德基础，即康德伦理学的那种基本思想：当人成为超越个人之秩序的对象时，也必须总是被视为一种自我目的。

附录Ⅰ：席勒与歌德

1795年11月9日席勒写信给洪堡(Humbodt)，提到关于歌德拥有“稳固的风格，总是从对象中获得法则，从事物本质中推导出它的规则”，这源于与康德关于建筑学的一段对话。[①] 歌德曾从三个要素：地基、支撑体(柱子、墙)和屋顶出发，提出建筑物的理想类型(就像人们今天会说的那样)，这种类型几乎不会纯粹地展现在现实的建筑之中，因为它们只能在其实践需求这一支配性的门槛内去展现其美观，但最终的美学意义与标准是针对它们所有的。席勒这样来说明这一学说：它“在每一幢特定的建筑物中去寻找与种概念(Artbegriff)相对的一般意义上之建筑物的属概念(Gattungsbegriff)”。在席勒写给歌德的著名信笺(1794年8月23日)中，他在相同意义上谈及“具有属之性质的个体”。[②] 当然，“属”这个词并不是特别适合用来表达席勒所考虑的事物——这里涉及的并不是属，而是类型(Typus)，不是一般性，而是本质性，不 239
是个体的挥发，而是其核心的浓化。但歌德本人将那种建筑学上

① Schiller, Briefe, herausgg. v. R. Buchwald (Inselverlag), S.444f.——作者

② Ebenda, S.354.——作者

的理想类型称为“原现象”(Urphänomen)。在原现象中显露出的就是席勒所认为的事物本质,以及我们曾称为的理想类型。

依照歌德的说法,1794 年 7 月的那场关键性对话——在长时间的观望之后,这场对话成为了歌德和席勒友谊的起点[①]——就已经涉及原现象了:歌德已提出其原植物(Urpflanze)学说,席勒称之为理念,而歌德认为可以将它建立在经验的基础上。席勒在此显然是在康德的意义上来使用理念一词的:作为“一种必要的理性概念,不可能存在与之完全相符的思考对象”(例如:世界整体之所有现象间的因果联系),而歌德这样来解释席勒的反对意见:他的原植物“仅仅”是一种理念。如果在柏拉图[②]的意义上来理解理念,将其理解为那种比现实还要现实的理念,那么歌德就可能不会使用这一标识了。

原现象对于歌德的自然认知而言属于支配性的思维形式。我们进一步来看看他们关于“原植物”这一特别概念的讨论。它并不能从比方说发展史的角度来被把握:作为初始形式(所有的植物类型最终都从中逐步发展出来,超越它并将它远远甩在后面),它毋宁总是重新展现在每一种植物类型和每一个具体的植物之中。它同样不是一种苍白无力的平均类型,在其中植物的不同属性相互间模糊不清地长合在一起。它毋宁是一种结构模式,在多种多样的植物类型中起作用并实现自我。原植物无须在现实中存在,尽

① R. Buchwald,Schiller,Bd.2,1937,S.288ff.——作者

② 柏拉图(Plato,约前 426—前 347),古希腊伟大的哲学家,也是全部西方哲学乃至整个西方文化最伟大的哲学家和思想家之一,二元论和理念论的开创者。著有《理想国》《法律篇》《克力同》《苏格拉底之死》等。——译者

管如此它却不属于理想类型，而是完全属于直观的类型。当康德这样谈论他的理念，即人们“从来就无法勾画出这类事物的图像”时，歌德在那场对话中却以“一些生动独特的笔触”在席勒眼前呈现出了原植物。[①] 歌德自告奋勇地“通过这种模式去发明无穷无尽的植物，它们即使不存在，但也可能存在”。在其西西里岛之旅 240
中，歌德甚至希望在丰富的植物群中遇见原植物的幸运之岛本身——可惜徒劳无功。[②]

原现象首先是一种自然科学的思维形式，也即是说它属于实然的领域。但歌德并没有成为斯宾诺莎[③]的门徒和泛神论者，在其观念中，实然与应然、现实与价值并没有彼此牢不可分地联结在一起。尽管如此，如果我们想要对原现象的概念作二元论的分析，那么我们就会在其中发现它同样融合了规范性要素，尤其是那种美学类型的规范性要素——与柏拉图主义的理念并无二致。歌德的美学同样使用了原现象的形式，我们从他那场与席勒的对话中就可知道这一点，而在歌德的文学作品中，维克多·黑恩再次发现

① 参见歌德形态学著述中的图像资料（herausgg. von W. Troll，1926，尤其是 Abb.13 和 Taf. 5）以及 Wolf u. Troll G's. Morphol. Auftrag，1942（尤其是 Abb. 10 和 Taf. 6）。——作者

② 关于歌德的原现象学说，除了卡鲁斯（Carus）、西贝克（Siebeck）、齐美尔（Simmel）、斯泰因（H. v. Stein）关于歌德的著述外，可参见最新的两本著作：Spranger，Goethes Weltanschauung，1943；Günther Müller，Goethes Maximen u. Reflexionen，1943。也可参见里卡达·胡克（Ricarda Huch）的最后一本书《原现象》（Urphänomene）。——作者

③ 巴鲁赫·斯宾诺莎（Baruch de Spinoza，1632—1677），荷兰哲学家，西方近代哲学史重要的理性主义者，与笛卡尔和莱布尼茨齐名。著有《笛卡尔哲学原理》《神学政治论》《伦理学》《知性改进论》等。——译者

了以“人类生活之自然形式”出现的原现象。[1] 但我们首先是在歌德的伦理学基本概念，即继受自亚里士多德的概念“圆极”（Entelechie）中遇到了原现象的规范变格。在歌德那里，圆极是人类个体的内核，他归根结底所是者——但原本还不是，是要求向他指明的自身本质之基本命令，简言之，是以悖论性的话语表达出的东西：变成你所是之人。因而在事物本质的层面上出现了人的本质即圆极，它同时在现实上和规范上实现了最紧密的融合。

我们同样发现，席勒在他关于《论美书简》（Kalliasbriefen）的准备稿[2]中将事物本质定义为：“当我说‘事物本质’……时，我是将它与所有这些东西的本质相对立的……它们仅仅被视为是偶然相同的，并可以被抛到一边，无须同时扬弃其本质。仿佛是事物本身使得它与所有其他事物……相区分……只有那些东西才会用‘本质’这一表达来称呼，即借此它将成为是其所是的特定事物……故而什么是这种意义上的本质？某个事物存在的内在原则，这同
241 时要被视为其形式的理由：形式的内在必要性……内在本质与形式的协调，一个同时为事物本身所遵从和给定的规则。”席勒的这段论述证明他已处在从康德到歌德的途中，即已处在对实然与应然、现实与价值、同情与义务这些严格的二元论予以缓和的途中。他关于事物本质的论述来源于与“美丽心灵”这一价值概念——在其中同情自动与义务相对立，在其中他瞥见了伦理的最高形式——相同的精神。

---

① 在其著作的一篇论文“关于歌德的思考”（Gedanken über Goethe）之中。——作者

② Schillers Werke, herausgg. v. Buchwald, Bd.2, 1940, S.194f.——作者

附录Ⅱ:物性(Rerum natura)

卢克莱修的教育诗《物性论》同样涉及人类的原初历史,涉及文明、国家和法的形成,但并没有在物性的概念与这些对象间形成直接关系。①

如果说在卢克莱修那里"物性"这一用语意味着"宇宙",就此而言特别被认为是世界之严格合乎自然法则性的话,那么在西塞罗那里,这个词除此之外尚有"(具体)事物的本性"(Wesen der [einzelen] Sachen)之意,即被升级为复数的"事物本质"(Natur der Sache)所采纳之意。西塞罗直接给出了事物本质的定义,因为他谈及"源于物性的理性"(ratio profecta a rerum natura),也即是来自于事物本质的理性规则。这是嫁接于事物本质之上的最高理性规则(ratio summa insita in natura,de leg. Ⅰ,6,18)——与那些只在人脑中寻找理性的人相反,它充满激情地大声疾呼:没人可以拥有这般愚钝的狂妄,也就是相信自己有理性和知性,却不相信人世和天堂有理性和知性(ib. Ⅱ,7,16)。但除了基于事物本质对法进行证立外,西塞罗还突然基于人的本质对其进行证立:自然法来自于人的本质(natura iuris ab hominis repetenda natura,Ⅰ,5,17),很容易就可以明白,我们生而为正义,但法并不建立在纯粹主观意见的基础上,而是建立在(普遍人性的)本质之上(Ⅰ,10,28)。

① 这里参考的是慕尼黑公法学者马克斯·赛德尔(Max v. Seydel)对卢克莱修的译本。——作者

在西塞罗看来，从人的本质和事物本质中推导出来的法条之间并
242 不可能存在矛盾；因为人的理性与事物的理性来自同一种渊源：来自于“至高无上的神”的理性(de leg. Ⅰ,7,22,Ⅱ,4,10)，而事物的理性就是人的理性所意识到的那种东西(in hominis mente confirmata et confecta,de leg. Ⅰ,6,18)。在这里，理性的统一性保持着对于分殊化的事物本质的优势：法律不是由人类才智捏造出来的，不是由民众集会决定的，而是某种统治全世界的永恒之物(de leg. Ⅰ,4,8)；罗马和雅典将不会有不同的法律，也不会有现在与将来不同的法律，而只有一种永恒不变并将对一切民族和一切时代有效的法律(nec erit alia lex Romae alia Athenis,alia nunc alia posthac,sed et omnes gentes et omni tempore una lex et sempiterna et immutabilis continebit,de rep. Ⅲ,22,23)。罗马法律思想家们以万民法(ius gentium)的形式，表达出了这样一种确信：不同民族法律间的共同部分要比它们法律间的所有差别都来得更为本质。“物性”这一措辞主要通过西塞罗在罗马法律人中广为流传，最终进入到了优士丁尼的立法之中。根据奥托·格拉登维茨[1]对《学说汇纂》中“本质(自然)”一词的细致考证，“物性”的主要意思是[2]：1.宇宙(Weltall)——人们在此意义上谈论尚未拥有物性、尚未“降世”的胚胎[3]。继而是2.依据坚定不移的法则来展开的世事(Weltlauf)——例如

① 奥托·格拉登维茨(Otto Gradenwitz,1860—1935)，德国法律史学者、词典编纂者，著有《纸莎草纸学导论》《狄奥多西索引》等。——译者

② In der Festgabe für Schirmer 1900,S.149ff.——作者

③ 这可以补充我在一篇文章中的评论：in der Tijdschr. Voor Strafr. Deel 48,1,S.148。——作者

它说:按照物性被禁止之事不能得到任何法律的认可(quae rerum natura prohibentur,nulla lege confirmata sunt);例如,“可能情形”被定义为“依据物性可以被承认的情形”。最后是3.(具体)事物的本性。但单称语 natura sei 只出现过两次,通常这里所考虑的“事物”会被指名道姓,例如“债的本质”(natura obligationis)。涉及其本质的“事物”要么是(1)纯粹的事实情境,正如它们构成了法的质料那样:人的本质、动物的本质;要么是(2)前法律的生活关系或活法关系,从其本质中推导出了新的法条(交易的本质、社会的本质)。这些用语的频繁使用清晰地说明,罗马人的法律发现从根本上就是一种来自于事物本质的法律发现,而随后在其继受国中流行的却恰恰是一种来自书本[①]的法律发现,因为从继受时期开始,书本(法典)成为了正义的符号和法官的象征。[②]

附录Ⅲ:孟德斯鸠

孟德斯鸠的《论法的精神》[③]具有这种特质和魅力,有时为了迎合国家对于出版物的审查,它经常被打上专制时代文献的烙印。因此——除了有意保持一种体系松散、老于世故的格言警句式的

① 此处的“书本”(Buch)指的是“法典”(Gesetzbuch)。——译者

② 参见我的一篇载于《德国艺术科学专业词典》中的论文“作为世俗符号的书本”。——作者

③ 对于《论法的精神》的评价,除了专论(尤其是索雷尔[Sorel]的专论)外,还可参见:Sir Courtenay Ilbert,in Macdonell und Manson,Great jurists of the world,London 1913; Karl Hillebrand, Geist u. Gesellschaft im alten Europa, herausgg. von Heyderhoff,1941,S.93ff.。——作者

风格，甚至是任性随意的书写方式，以及怀疑的、容忍的、相对主义的（反正是这位学者所独有的）思考方式之外，还有——有意的晦涩不明、故意的一语多义、无懈可击的含沙射影和许多地方对主流观点十分显而易见的妥协；它们使得总是有必要去解读出弦外之音。因此，用过去之法和异国之法的外袍来装扮政治评价，或许也是此书方法的一部分。因而这本著作在理论上和实践上都具有划时代的意义。在国家学和法学说的领域，它对国家秩序和法秩序的历史多样性与民族多样性予以归纳，并以此来取代对预设之原则的演绎，由此为历史法学派和比较法学做好了准备工作。与对政治意识形态的片面盲信相反，它主张用自然事实和历史事实来限定政治，将政治作为可能的技艺，在保守主义与进步主义之间维持睿智的均衡，并教导将英国的宪政作为其榜样。尽管如此，这一切的关键在于，他在其著作的一开始就以令人印象深刻的方式向其读者指明了那个概念：事物本质。

《论法的精神》第一章开篇的一句话就是：从最广泛的意义上来说，法是由事物本质产生出来的必然关系。而在前言中早就说道：我的原则不是从我的成见，而是从事物本质中推演出来的。由
244 此就同时标识出了相对立的观点：成见、前见——这指的是那些假定人们与生俱来就拥有的思辨性理念，那种理性与人的本质之间的等置，作为理性法的自然法就以此等置为出发点。因而孟德斯鸠将事物本质与从人的本质中推导出的理性自然法区分开来。

法律被尽最大可能地接近于自然法则（livre 1，ch.1）。作为自然造物，人同样要受制于自然法则：原始人并不是通过理性，而是通过恐惧和对和平的热爱、通过饥饿和其他生存需求、通过交

配和社交的动机,迎合自然法则不可抗拒的力量而进入社会状态的(ch.2)。但觉醒过来运用知性和自决力的人类,开始基于自身的理性将自己置于法律之下,这构成了作为理性存在者的人的自我安排的、与自然法则相并行的现象(ch.3)。但人的理性并不是各种成熟和普遍有效的法律真理的竞技场,而仅仅是一种形式能力。每一民族法律秩序对于它而言都是一种特定的适用情形,它的结果对于每个民族而言都是不同的:"它们对于每个民族而言必然是完全独特的,它们在特定民族中适用,如果它们适用于其他民族,那也只是纯粹的偶然事件。"

孟德斯鸠还列举了那些具体的"事物"(作为事物本质之基础的事实):自然事实(气候、土壤状况、国家的位置与面积)、社会事实(生活方式[如猎人、牧人、农民]、财产、民族人数、商业、风俗、惯例、潮流、宗教)、国家和法律事实(政体、立法的目标、个人自由的程度、"事情的秩序"[参见 livre 26]即具体规范类型的管辖,如宗教法与世俗法)。故而孟德斯鸠认为,事物,即法的质料,同样是立法者会发现的既存之法,甚至可以构成对法的误用:过错总是比改正更吸引人,至少实实在在的"好"总是比还未实现的"更好"更吸引人,这是常理而已。[①] 故而与理性法相反,事物本质是以保守的方式起作用的!

事物本质与"制定法的精神"之间关系如何?哪些事实与制定法之间的关系可以通过"本质"这个词来说明。无疑,它被孟德斯鸠认为是一种因果关系,被认为是那些关于制定法的形成及其内容之

① Montesquieu Cahiers,Ed. Grasset,1941,S.120,223.——作者

245 事实的效果。但我们已经说过，在《论法的精神》中，理论的背后到处隐藏着政治，因而在那种因果关系中包含着规范性要素：制定法不仅是被生活关系所确定的，而且它们在某种程度和意义上也应当去适应生活关系。而因果要素与规范性要素彼此间的关系在孟德斯鸠看来并不成问题。

只是出于对主流观念迫不得已的妥协，孟德斯鸠才给其整个制定法思想安置了一种自然神论的基础。上帝依据自然法则创造了世界——如果它想要继续存在的话，上帝就听任合乎自然法则的世事自我运作，哪怕是自己也不能干涉。故而这种世事成为有神论者与无神论者共同乐见的一幅关于坚定不移之合法性的图像。孟德斯鸠默示地赞同格劳秀斯关于自然法之效力的那句名言：即使上帝不存在，或他不关心世人之事（etsi daremus non esse Deum aut non curari ab illo negotia humana）[①]。在这一点上，卢梭与孟德斯鸠的思想相反：他不仅拒绝上帝，也拒绝以上帝为起点的事物本质——因为上帝的意志不可理解，而他又对人类事务缺乏任何赏罚措施与影响，[②]从而为社会契约这种人类理性法创设出自由空间（livre 2，ch.6）。这是事物本质与作为理性法之自然法在精神史上相互对立的一个新证明！

① 完整的表述是“即使上帝不存在，或他不关心世人之事，自然法都将保持其客观的有效性”。——译者

② 我如此这般来解释“（所有的正义都来源于上帝，他是唯一的源泉），但如果我们能从如此高的地方获得正义，（那我们就既不需要政府也不需要法律）”和“脱离自然惩罚的正义的法律在人们之间是无效的”。——作者

附录Ⅳ:伯克哈特·威廉·莱斯特

没有一位学者能像伯克哈特·威廉·莱斯特那样曾对事物本质进行过如此全面和透彻的讨论。[①] 他的认真与勤奋、他的独立与无畏至今仍引发着当代读者的兴趣,哪怕他有些古怪的习惯。他本想给他的《民事问题研究》(1854—1877 年)取名为“来自事物本质领域的研究”,只是因为这一用语的多义性使得他放弃了这一标题——他称之为“科学论证中最危险的工具”之一。在论战性的小册子《自然理性与事物本质》(1860 年)中,他将它与作为一种清 246
晰概念的自然理性相对。他的《民事问题研究》第四卷(1877 年)的标题为“法的现实基础与质料”。它将罗马人关于物性(事物本质)与自然理性的区分解释为,前者“仅仅是事实上的存在者”,而后者意味着“现实的自然秩序”,也即是说,前者是法的纯粹自然的基础,而后者是法的已被理想预制了的社会基础,但两者“相互融合”,更准确地说,是自然理性将事物本质包含在内。故而我们大可以将莱斯特的书视为是一本关于事物本质的书。事物本质与自然理性,作为法的现实基础,与其他要素一起构成了“法的质料”。令莱斯特惋惜的是,法学者们只知道通过罗马法学的镜鉴去发现法的这种质料,也就是生活关系,而不懂得直接从生活关系中提炼出法条,就像伟大的罗马法学家们所做的那样。他将运用法质料

① 关于莱斯特,尤其参见 Landsberg, Gesch. d. dt. Rechtswissenschaft, Abt. 3, Helbb.2, 1910, S.835ff.。——作者

的活动（不那么幸运地）称为“自然研究”（Naturstudium），将由此获得的法条称为“自然条文”（Natursätze）。他假定了一种“私生活的科学”，一种“私经济学”，故而已经预料到了今天的私有经济学和企业经济学。借由法质料的这种倾向，法律科学重新变成了它在罗马人那里曾经的模样：不仅是关于正义与非正义的科学（iusti et iniusti scientia），而同样也是关于人事的知识（humanarum rerum notitia）。莱斯特通过历史的、前历史的和教义的研究去检验和直观地阐明他的方法论，例如在经济作业中找到了财产的关键性的现实基础，就此成为后来的科学社会主义的先驱。

然而，莱斯特没有认识到，也没有讨论事物本质的逻辑问题，即法形式的质料确定性。法的质料与形式这一对概念被打上了萨维尼的烙印：“每种法律关系都以某种质料为基础，它是法形式运用的对象”（System Ⅰ）。普赫塔已经考虑到法形式的质料确定性，并将它与事物本质联系在一起：“在无损于法概念之纯粹性的情况下，法的形式应当通过这种质料（个别事物）被确定。”“法越发达，它就越是向人和事物具有不同本质的主张开放，形式也就越不那么生硬和僵化，也就越灵活，它将上述主张包含在内但却不放弃
247 其基本原则。”①基于这些主张就导致了质料确定性、个别化和事物本质之间的等置。

在莱斯特之后（但与他没有多大的联系），后来的帝国法院法

① Puchta, Cursus der Institutionen, 8. Aufl., Bd. 1, 1875, S. 12, 52. ——作者

官埃里希·布罗德曼[①]讨论了法的质料与形式的问题。[②] 在他看来，法的质料是“具体现实中的人类社会生活”，而恰恰令他感兴趣的是质料与形式之关系的“逻辑结构”：也就是，如何从大量生活现实出发将它们结合为一个层面（法律的层面），将它们作为一个完整的整体；法又如何“通过其命令，仿佛用墩、柱和锚那般穿过和围绕所谓无定型的理念（它们来自于生物的、经济的和伦理的质料）。”但布罗德曼也只对法的质料和形式的逻辑问题感兴趣，而对事物本质之实践解释与法律创新问题兴趣寥寥。但那种逻辑阐述已被当时像埃米尔·拉斯克这样的法哲学批判者称赞为“出色的”[③]。

附录Ⅴ：法学建构

建构并不限于事物本质的情形，但自从耶林一开始独创式地描绘它，后来又风趣地嘲弄它之后，它就具有极尽不同的说明与阐释，因而有必要来确定这里是如何来理解它的。[④]

1. **建构的概念**。建构的方法绝非仅适用于法学：存在地理

① 卡尔·埃里希·布罗德曼（Karl Erich Brodmann，1855—1940），德国帝国法院法官，法哲学方面著有《法与暴力》《法是什么？它在哪里？》等。——译者

② Vom Stoffe und Rechts und seiner Strukur 1897。布罗德曼在其后来的作品中也回溯到了这一主题上。也可参见其引人入胜的自传：Rechtswissenschaft in Selbstdarstellungen，Bd.2，1925。——作者

③ Rechtsphilosophie，S.39——但在此就不对这一问题的发展进行追溯了，否则就必须要深入探讨鲁道夫·斯塔姆勒的《经济与社会》一书了。——作者

④ 对不同观点的概览参见：Max Rümelin im Arch. f. Rechts-u. Wirtschaftsphilos.，Bd. 16，1922/1923，S. 237ff.；Pasquier，Introd. à la théorie gén. et à la ph. de droit 1937，S. 136ff.。——作者

的、语言的、历史的、技术的建构。但无论在哪里，“建构”一词都具有相同的意义，语言用法已经提示出了这一点（就如同义词“综合”[Synthesis]一样）。合成——即重组，将先前通过分析分解了的要
248 素重构为一个整体。法学建构意味着将某个法律构造物被分析出的要素进行综合。

2. **建构的对象**。就像通过事物本质之思维形式所显现的，建构意味着将某种生活关系不断改造为一种法律关系，将某种法律关系不断改造为一种法律制度，如果说在法律关系中只考虑参与者之间的关系的话，那么在法律制度中还增添上了法律关系与立法者之间的关系。[①] 这一过程意味着塑造出生活关系的法律意义。[②]

3. **建构的本质**。建构的目标不在于形成种类概念，它并不适用于将最近的种（genus proximum）从属差（differentia specifica）中抽象分离，继而形成一再被不断抽象化的上位概念，建构不适用于一般性事物，而适用于根本性事物，适用于法律制度的意义内涵，（因而）它恰恰可能被包含于属差之中。服务于此目标的并非种类概念，而是类型概念。[③] 对于这种类型概念的研究要归功于格奥尔格·耶利内克和马克斯·韦伯。耶利内克区分了平均类型

---

① 这里只描绘事物本质之思维形式（它以生活关系为出发点）框架内的建构，而不描绘基于制定法的建构。后者以将法条改造（或者用耶林的话来说——“沉淀”）为法律关系为前提。——作者

② 但法律关系的要素同样能成为建构的对象，如犯罪的概念。——作者

③ C. G. Hempel u. P. Oppenheim, Der Typusbegriff im Lichte der neuen Logik, Leiden 1926，以及以此为基础的论文：Radbruch, Klassenbegriffe und Ordnungsbegriffe, Int. Zeitschr. f. Theorie d. Rechts, Bd.12, 1938.——作者

与理想类型，或者如他后来所说的，经验类型与理想类型。在他看来，理想类型是一种应然和价值的构造物，来自于对大量个别情形所显露出的共同特征的强调。相反，在马克斯·韦伯看来，理想类型并非某种理想的典范（例如，人们可以提出一种卖淫的理想类型），它们毋宁是一种去除了个别的偶然因素、被合乎逻辑地精心设计，因而得到片面提升之现实的理想图式。这种马克斯·韦伯意义上的理想类型把握住了本质性的东西、经验现象的意义，同样也包括事物本质。为了获得它，我们无须像对待种类概念那样对许多情形进行广泛归纳，而是可以从某一个恰当的情形中提炼出意义内涵，因为就像法学建构不仅可以被立法者和法学者在大量同类情形中践行，而且可以被法官在某个具体的案件中践行那样。①

某个事实的意义内涵只有联系某种理念才能被提炼出来：意义是在实然中实现的应然，在现实中显现的价值。为了研究某种经验现象的意义，人们必须从现实的世界向着价值的世界探索，以便在其中找到给予这一经验现象以意义的理念。法学建构大多数时候是一种目的论的概念构造，作为其对象的法律制度通常可以通过某种特定的法律目的来概括。但因为法理念并不限于合目的性，而且还涉及正义与法的安定性，所以非目的论式的建构同样是可能的——例如既判力的建构取向于法的安定性，平等选举权的

① 在历史学中运用理想类型的一个例子是兰克（Rank）的理念说。参见 Karl Lamprecht，Die kulturhistorische Methode 1900，S.22："理念说的结果是，将一系列事实（从独特性的视角来观察，它随意以任何一个十分直观的历史具象为中心，无论这一具象是一个机构还是一个人）视为整体，将对于这一整体而言共同的思想内容称作其理念，并将这一理念视为在既定关联性中固有起作用者。"——作者

建构取向于正义，这其中就没有什么合目的性的思想。

4. **建构的直观性**。建构的结果不是贫瘠而苍白的种类概念，也不是轮廓模糊不清地长合在一起的平均类型。它完全是形象生动的，尽管不等同于现实，但却拥有鲜明的个别性，因而可以十分直观地予以展示。被建构出来的主观法(权利)经常可以被想象为某种事物，它产生和流逝，从一个人的手里转移到另一个人的手里。这种直观性并不是毫无危险的：它诱使人们省略掉推理，导向这样的后果，即它只相对于这幅图像是正确的，相对于事实却非如此。例如，当直观上如此合理的命题“任何人不能将大于自己的权利让与他人”(nemo plus iuris transferre ad alium potest quam ipse habet)被误用为对于立法者具有决定意义的论断，即财产绝不能为非所有人取得，即使卖方是诚实信用的时候就是如此。但如果人
250 们意识到了这一表达的形象性，那么对于建构的直观展示就没有什么疑虑了——但即使是如现代物理学这样一门如此抽象的科学也无法放弃形象化的表达方式，它直到今天为止仍然使用古老的电流和波的图像，以及新的原子撞击和毁灭的图像。

5. **建构的作用**。为了阐明建构的作用，可以直接借用它的直观性。这种直观性减轻了理解和展示、传递与回忆的负担。但教学和记忆上的能力只是其副作用，建构最主要拥有的是认知价值。如果说建构本身的路径是从个体到整体，那么对其结果的展示则相反是从整体回溯到个体。当被建构出的法律制度通过从中推导出的具体法条来展现时，它就是对这一法律制度领域中法律规整之无矛盾性和圆满性的样本测试。但当这一规整被证明为不圆满时，就可以通过从被建构出之制度的本质中推导出缺失的法条来

填补漏洞。这既非从虚无中自然发生的事情，也非魔术师玩的把戏，因为从法律制度的本质中掏不出未被放入的东西。但它并不是被任意放入的，建构毋宁是对这一点的保障：查明后的（漏洞）填补要与立法者所设立的规范相协调，甚至为后者所要求。最后，建构也是法秩序的基础，当然这是另一种秩序，有别于通过种类概念形成的秩序，这意味着，它不是一种从属和分类的秩序。因为如果说具体现象是被涵摄于种类概念**之下**的话，那么它们就是被归类于类型概念**之间**的。这一秩序不仅是一种概览式的展示形式，而且也通过其相对于这种或那种类型概念的或多或少的间距概括出了具体现象的本质。

附录Ⅵ：事物本质与社会法

法可以或多或少地依靠前法律的质料，可以或多或少地顾及和表达出生活关系的个别性。[①] 时代交替，法有时离生活远些，有 251
时离生活近些。这样的时代——在其中，在正义和法的安定性的优势支配之下，法丧失了制定法的一般性和法的平等性背后的生活多样性——接续着另外的时代，在其中服务于公共福祉的制定法是特殊的和个别的。制定法与社会生活之具体性之间距离的远近是不同立法之间最深层的差别，但它并非价值上的差别：距离性与特殊化可以同样好地适应两种交替的时代。我们熟悉这样一个

① 对此参见这本书的精彩阐述：Karl Renner，Rechtswissenschaft des Privatrechts und ihre soziale Funktion，1929。——作者

法的变迁时期(并非仅从1933年开始),熟悉这种从个人主义的法向社会法的变迁。① 但这一变迁的推动力是事物本质。

我们以**劳动法**这门新兴学科为例来直观地阐明这一过程,这门学科就是在我们的眼前形成的。新形成的法的质料越来越与其形式相对立。民法只知抽象的“人”,只知平等的法律主体(他们双方通过自由的决定来缔结契约),而不知处于弱势一方的劳动者和与之相对的企业主。它同样不知工会——它们在处于弱势地位的单个劳动者和企业主之间进行平衡,不知大的职业联盟——它们通过集体合同成为劳工合同真正的缔约人,它看到的只有单个的缔约人和单个的劳动合同。最后,它不识企业的联合体,它只能看到同一个雇主与彼此间没有法律联系的雇员之间签订的大量劳动合同,但看不到企业的全体职工是一个自成一体的社会整体。它正好是只见树木不见森林。但这恰恰是劳动法的本质:它与生活更贴近。它并不像抽象的民法那样只看到法律上平等的人,而是看到了企业主、劳动者、职员,不只是单个的人,而是协会和企业,
252 不只是**合同**,而同样也有经济领域激烈的权力斗争,这构成了(被假想为自由的)合同的背景。整个社会事实世界(法律人迄今为止对此是无视的,或者说想要保持无视)突然呈现在法律人的眼前,并被立法者依据事物的方式与本质来提取利用。当然,新法并不仅基于一种新的视角之上,而同样也基于一种新的应然和意愿之上——与事物本质一道起作用的是法的理念,即社会法保护经济

① Radbruch, Vom individualistischen zum sozialen Recht, Hanseat. Rechts-u. Gerichtszeitschr., Augustu.Sept. 1930.——作者

弱势群体的要求，而这才让立法者打开双眼去看清了长久以来就存在的事实。故而对于我们而言，劳动法提供了一个例子来说明：当出现新的法律思想时，法的理念与事物本质必须如何来协力。

很久以前，在刑法中就有人主张运用相同的社会思维，它借助的同样也是事物本质的思维形式。这里至少也要说明其经过，因为人们恰恰习惯于认为事物本质的思维形式一般只适用于民法。当然，在刑法中，这一思维形式的对象不是某个法律关系，而是其一般和特殊的构成要件：犯罪的概念以及具体的犯罪类型。

这场为新的社会刑法学进行的斗争早就伴随着宾丁和李斯特之间的争论出现了。宾丁在讲述导论课时曾重点反对事物本质的思维形式："生活关系对于理解法条而言如此重要，而经常被提出的这一主张却是如此不正确：法条可以直接从它们中，从所谓的事物本质中推导出来，它对于立法者而言是一种法的渊源或至少是有拘束力的。例如从中可以推出，随着物的毁灭财产权也就消灭了，或者每个人（Mensch）都是天生的人格人（Person），或者男人在婚姻中必须拥有支配地位。只是没有任何生活关系能自我调整，遵从事物本质就意味着：要么从婚姻或财产的法律本质中推导出结论，要么通过类比去发现法条，要么它是这些人的主观法律观点，他们将自己的智慧认为是事物内在的秘密智慧。因而事物本质完全是一个内容空洞的概念。"[①]事实上，宾丁在其刑法学思维中竭力避免回溯到刑法的前法律质料上去，并坚决反对做有失一位

① 我感谢瓦尔特·施皮斯（Walter Spieß）博士善意地提醒我注意一篇同行论文，通过它我才知道这段话。——作者

253 法律人身份的事(做法律人以外的其他人所做的事)。当法涉及心理学前提时,他反对考虑科学心理学的结论,并宣称“法的秘密心理学”作为一种可靠的真理是在其位置上唯一起决定作用的因素。作为犯罪之基础的行为概念,不应当在现实中去寻求,而只应当在法本身之中去寻求:“对于法律人而言,共同生活之行为的概念压根就不存在。”[1]

恰恰在这一点上,李斯特在一篇独创性的论文中与宾丁发生了争执。[2] 他虽然没有明确使用事物本质的概念,但还是运用了它,因为他强调在建构犯罪概念时回溯到自然行为的必要性。正如行为概念构成了一般犯罪概念之前法律根基的根本性部分,故而对特定犯罪构成要件的解释从根本上受到法益侵害这一前刑法概念的影响,对于宾丁忽略这一点的做法,李斯特在同一篇论文中进行了斗争。

在下一个十年中,在犯罪学说之一般特征的背后,它们的前法律根基依据变得清晰和有效,那就是“反社会行为”这一本质特征,它构成了一般和特殊之犯罪构成要件的质料。故而只有捅破那层窗户纸,认识到“实质违法性”,也即是与违法性相应之反社会行为的特征,才能澄清特定的违法性问题。尤其是鉴于制定法规定的不足,必须完全从事物本质中发展出罪责形式的学说。以此方式,就能达成对于故意(Vorsatz),尤其是间接故意(Eventualvorsatz)和

---

[1] Binding, Normen Bd.2, 1.2.Aufl., 1914, S.1ff.; 89.——作者

[2] v.Liszt, Rechtsgut-und Handlungsbegriff in Bindings Handb.重印于 Liszt's ges. Aufsätze u. Vorträge.——作者

过失概念的广泛同意，这种同意并非那种协议或“通说”意义上的同意，而是具有必然认识的性质。结论是如此明显，以至于人们再三认为，对故意和过失下法律定义——就像它们在刑法典草案中被建议的那般——是多余的，甚至是有害的——因为它们会以语词之争来取代对事物的认知。这样一种研究或许是值得期待的： 254
当缺少充分的制定法规定时，这一论据在关于罪责问题的论辩中应具有证明力——除了事物本质，没有其他任何渊源能佐证这种证明力。当然，那种论据具有证明力的益处在于，它以特别明显的方式，也即是在我们的良知中向我们显现刑法罪责学说的前法律根基。也就是说，刑法中的罪责形式完全对应于伦理学中的罪责形式。当然，自亚里士多德以后，科学伦理学少有以更鲜明之概念提炼出伦理罪责之形式的努力①——相反，它可能从刑法学中获得对其自身领域有用的东西。事物本质之思维形式是有益的，一个强有力的证明在于，人们可以引证刑法学令人骄傲的首要和核心要件，即罪责学说来支持它。

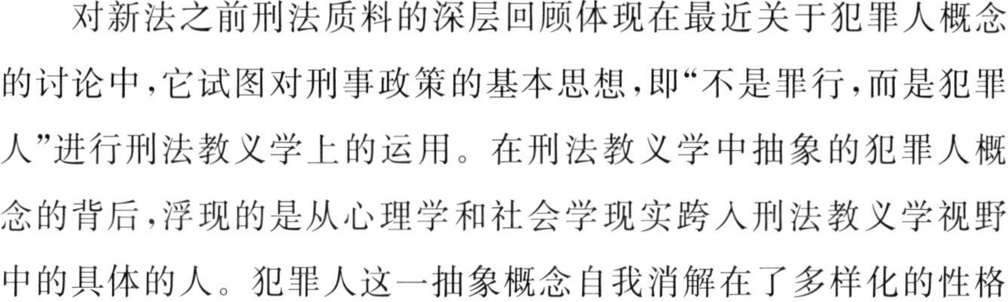

对新法之前刑法质料的深层回顾体现在最近关于犯罪人概念的讨论中，它试图对刑事政策的基本思想，即“不是罪行，而是犯罪人”进行刑法教义学上的运用。在刑法教义学中抽象的犯罪人概念的背后，浮现的是从心理学和社会学现实跨入刑法教义学视野中的具体的人。犯罪人这一抽象概念自我消解在了多样化的性格

① 我只知道两份这样的著述：Sigwart，Der Begriff des Wollens und sein Verhältnis zum Begriff der Ursache im Verzeichnis der Tübinger phil. Doktoren 1879（重印于 Sigwart，kleine Schriften，Bd.2）以及 H. A. Prichard，Duty and Ignorance of Fact，Proceedings of the British Acadmy，Bd. 18，1932。——作者

类型和社会学上的犯罪人类型之中：惯犯和偶犯、可以挽救者与不可挽救者、青年犯与成年犯、完全责任能力者与不完全责任能力者（这里只需援引确定的和持久的结论即可）。因而在关键词“不是罪行，而是犯罪人”之外，应当进一步形成“不是犯罪人，而是人”这一思想，即具有全部社会特性的人。故而新的刑法学派可以被正确地命名为社会学派，因为它将迄今为止只属于社会学的事实挪移到了法学的视野之中。

翻译说明

从二十世纪八十年代中期开始，拉德布鲁赫的弟子阿图尔·考夫曼(Arthur Kaufmann)教授开始总领《拉德布鲁赫全集》的编辑和整理工作，均由海德堡C.F.穆勒法律出版社出版。从1987年“全集”第一卷出版开始，一直到2003年“全集”最后一卷(第二十卷)才得以面世。其中与法哲学相关的论著主要集中于前三卷，基本以时间为序编纂。第一卷除了有一篇介绍拉德布鲁赫之生平与著作的长文外，收录了两个版本的《法学导论》(1910年第1版、1929年第7/8版)以及拉氏于20世纪前二十年发表的数篇论文、评论与书评。第二卷收录了《法哲学纲要》(1914年第1版)、《法哲学》(1932年第3版)以及从1923年到1929年之间的论文和书评。第三卷则收录了从1934年到1949年之间的著述。其中前两卷由考夫曼教授亲自编辑，第三卷则由其弟子温弗里德·哈斯默尔(Winfried Hassemer)教授编辑。

由于前两卷中的主要著作均已被译成中文，并考虑到国内学界对于拉氏从1933年被纳粹当局解职后直到1949年去世期间的论著了解有限，因而译者选择了第三卷中的主要著作《法哲学导引》以及在此期间的六篇重要论文进行翻译。本书的排序与“全集”第三卷按照出版或发表的年代进行排序略有不同:《法哲学导

引(1948年)》(第121—227页)、“法哲学中的相对主义(1934年)”(第17—22页)、“解释的类型(1935年)”(第23—28页)、“法的目的(1937年)”(第39—50页)、“法律思维中的分类概念与次序概念(1938年)”(第60—70页)、“制定法与法(1947年)”(第96—100页)、“作为法律思维形式的事物本质(1948年)”(第229—254页)。正因为如此,本书中译本边码才会有倒序和不连贯的情形,读者诸君当可理解。

雷磊

2017年3月3日于京郊寓所

译 后 记

本书于2019年5月出版以来，获得了诸位读者的青睐，首次刊印的2000册于当年年底即告售罄，随即于2020年年初加印了2000册。如今，它又被纳入商务印书馆“汉译世界学术名著丛书”，这是对作品和译者最大的肯定。

当然，翻译既是学习的过程，也是再表达的过程。译者虽在翻译过程中努力尽于“信、达”，但由于主观疏失或力有未逮，总会产生不尽如人意的结果。在此衷心感谢中国政法大学法学理论专业硕士研究生徐辉与吕思远！是他们在通读初版的基础上，发现了相关问题并提出了相应的修改建议。这些问题有的来自对原文理解的偏差，有的是表述不够确切或前后未能统一，有的则纯粹是因为不够细心。这足以使得译者再次自我警醒：译事唯艰，美好的主观意愿与客观的受众效果之间总是可能存在张力。即便本稿已对这些问题进行了修正，但必定仍有未臻完善之处。对此，文责自然当由译者担之。

另需说明的是，本书原名为“Vorschlue der Rechtsphilosophie”。“Vorschlue”本意为“学龄前儿童训练班”“预备性训练”（据《朗氏德汉双解大词典》，外语教学与研究出版社2000年版，第1916页）。但直译显然过于累赘，也过于写实。初版翻译为“入门”，乃

寓意本书为“法哲学初学者指示门径之书”。但在汉语中，“入门”一般指代某个学科或领域内为初学者所写的教科书，通常篇幅短小，论题宽泛，内容较为浅显易懂。但是，本书显然不属于这类教材。相反，它是一本深深浸透着拉德布鲁赫个人法哲学观点的学术专著，尽管它最初的确来自于作者晚年在海德堡大学执教时的课堂讲义，且表述精炼，要言不烦。虽然它自我命名为“预备性训练”，但却是对拉德布鲁赫晚期法哲学立场的总结性论述，也是对导引读者进入法哲学殿堂的通道，而非仅仅是对法哲学学科的粗浅介绍。据此，根据多方的意见反馈，将书名从《法哲学入门》调整为《法哲学导引》，以彰显其既为法哲学研究之“引路者”，本身亦为学术专著之义。如果因此给读者诸君带来困扰，深表歉意。

雷磊

2020 年 4 月 25 日于京郊寓所

图书在版编目(CIP)数据

法哲学导引/(德)拉德布鲁赫著;雷磊译.—北京:商务印书馆,2024
(汉译世界学术名著丛书:120年纪念版:珍藏本:增订本)
ISBN 978-7-100-23746-8

Ⅰ.①法… Ⅱ.①拉…②雷… Ⅲ.①法哲学—研究 Ⅳ.①D903

中国国家版本馆CIP数据核字(2024)第077820号

汉译世界学术名著丛书
(120年纪念版·珍藏本·增订本)
法哲学导引
〔德〕拉德布鲁赫 著
雷磊 译

商 务 印 书 馆 出 版
(北京王府井大街36号 邮政编码100710)
商 务 印 书 馆 发 行
北京市十月印刷有限公司印刷
ISBN 978-7-100-23746-8

2024年5月第1版 开本710×1000 1/16
2024年5月北京第1次印刷 印张16
定价:88.00元